男孩百科

优秀男孩的领导力手册

彭凡 编著

我也能够当班长

化学工业出版社

·北京·

前 言

什么是领导力呢?
自信的男孩告诉你,
领导力是从不自卑,满满正能量;
同时意志坚定,自立自强,
能够不断提升自己。

勇敢的男孩告诉你,
领导力是敢于担当,富有责任心;
同时永不退缩,
从哪里跌倒,就能从哪里站起来。

绅士的男孩告诉你,
领导力是关爱他人,诚信守诺;
同时胸怀宽广,善于倾听,
能够容纳不同的声音。

有志气的男孩告诉你,
领导力是目标明确,从不懈怠;
同时志存高远,
永远不会停止前进的步伐。

每个优秀的男孩,都应该具备领导力。
打开《优秀男孩的领导力手册》,
希望它是一把金钥匙,
能助你打开心房,激发你独特的人格魅力,
让你得到所有人的青睐。
相信总有一天,
你也能成为一呼百应的"领头羊"!

目录

第一章 增强自己的实力，走在队伍前列

提升我的实力	12
请用实力说话吧！	14
运动为我加码	16
我突出的一面	18
让人刮目相看的爱好	20
我的学习实力	22
男孩，怎么维护自尊心？	24
我的气场强大吗？	26
矮个子的优势	28

说话有重点吗？	30
当众讲话落落大方	32
看书看报长见识	34
只会说，不会做？	36
你能安排好时间吗？	38
自己的事情自己做	40
我来做决定吧！	42
别着急，冷静下来	44
你有号召力吗？	46
我要更努力一点儿	48

第二章 积极向上的领导者心态

勇于承担责任	52
别做拖拉男孩！	54
男生也要讲卫生	56
别再板着脸了	58
"最时尚"的着装	60
对消极的心态说"NO"	62
你的原则是什么？	64
什么是对？什么是错？	66
出现问题，先从自身找原因	68
别动不动就反悔	70
没主见的口头禅	72
我该听谁的呢？	74
男孩，少一点儿抱怨	76

不要自以为是了	78
低调一点儿吧！	80
男孩的风度	82
竞争对手≠敌人	84
发泄情绪的正确方式	86
坚持的力量	88
比赛时，做一个正直的人	90
我要充满正义感	92
班干部的"借口"	94
我原谅你啦！	96
不完美的第一次	98

目录

第三章 善管理、会沟通，才能聚人心

她有什么需要吗？	102
我是模范标杆	104
别再以貌取人了	106
做一名公平的班干部	108
"唱反调"的同学	110
别摆"官架子"啦！	112
这是管得多吗？	114
学习委员的记事本	116
点燃大家的热情	118

常说充满正能量的话	120
成功时的提醒	122
不关我的事吗？	124
"和事佬"不好当	126
人多力量大！	128
组织一次班级活动	130

第四章　领导力进阶修炼基地

你能做到言行一致吗?	134
雷声大，雨点小	136
你相信自己吗?	138
失败是另一种机会	140
面对批评时我的选择	142
一切从赞美开始	144
这样的话你别说	146
做好事情的结尾	148
学会分工合作	150
相信你的伙伴	152

向别人求助并不丢脸	154
别错过这个机会！	156
机会是可以创造的	158
走弯路可能会更快	160
那么，放弃吧！	162
忙碌为什么没效率?	164
学会使用小策略	166
将身边的资源利用起来	168
你愿意吃这亏吗?	170
给自己充充电	172
忘记昨天的荣誉	174

人物介绍

查多多：
劳动委员。小眼睛、小个子男生,有点儿内向,但十分有责任心。

杜宇：
小组长。性格活泼、贪玩的男生,不过他口才好,人缘也很棒。

乔尼：
体育委员。长相帅气,喜欢运动,充满活力,总是能点燃大家的热情。

陆浩然：
学习委员兼纪律委员。成绩很优秀，但为人太严肃，总爱板着脸，看起来很难亲近。

唐蜜：
宣传文艺委员。笑起来像蜜一样甜，是一个热情、可爱的女生。

杨细细：
一个声音很小、胆子很小的小女生。

秦老师：
可敬可爱的班主任，也是同学们的知心姐姐。

第一章

增强自己的实力，走在队伍前列

提升我的实力

乔尼和杜宇虽然是好朋友，可是两人的实力却是一个在天上，一个在地下。

杜宇不仅各科考试经常不及格，成绩总是在班尾，而且其他方面也没有什么突出的特长……一提到杜宇，老师的头都快炸了。可是乔尼就不一样了，他不仅学习成绩不赖，而且擅长各项体育运动，是班上的"体育小王子"。

最近，乔尼打篮球时不小心把腿摔伤了，不能来学校上课。秦老师提议说："同学们，谁愿意放学后去乔尼家帮他补习功课？"

杜宇第一个举起手来："老师，我是乔尼的好朋友，我愿意帮乔尼补课！"

可是，面对积极热心的杜宇，秦老师反倒有些为难了："这……杜宇同学，你这种乐于助人的精神虽然值得表扬，但是你得先把自己的功课做好，才有能力帮助其他同学呀！"

听了老师的话，杜宇不好意思地低下了头。他心想：要是我在学习上有些实力，就能帮助乔尼了。

什么是实力呢？实力是一个人能力的体现，比如拥有某项技能或长处。实力包括思维能力、沟通能力、表达能力、学习能力、团队协作能力等。在帮助或指导别人之前，先提升自己的实力吧！

想一想，你有哪些方面的实力呢？将它们写下来吧！

请用实力说话吧!

体育课上,三班和四班的男同学为争夺最后一个篮球场吵了起来。

这时,三班的陆浩然突然提议说:"不如我们来一场篮球赛,谁输了谁就要主动让出篮球场!"

三班的其他男生见状,赶紧拉住陆浩然,小声说道:"不行啊,四班的篮球队可是出了名的厉害啊……"

陆浩然不听劝,依然气势汹汹地说:"那又怎么样,我们照样能赢他们。"

没办法,话已经说出口,反悔也来不及了,三班

的男生们只好硬着头皮上场了。

最后，篮球赛以三班的惨败告终，大家只好灰溜溜地将篮球场让了出来。

事后，大家都对陆浩然有点儿不满，要不是他冒冒失失地提议比赛，他们也不会搬起石头砸了自己的脚。

陆浩然虽然学习成绩好，在体育方面却没什么实力，冲动地拿自己的弱项去挑战别人的强项，还"连累"了自己的队友，这可真是得不偿失啊。要知道徒有虚张声势的气场，却没有过硬的实力，不仅会暴露自己的短板，还有可能将周围的人带入困境。

没有实力时应该做的事

- 努力做好自己该做的事。
- 发现自己的短处，学习他人的长处。
- 如果没有这方面的实力，就暂时不要做这方面的"领头羊"。
- 用自己的能力证明自己，胜过用空话吹嘘自己。

运动为我加码

校园运动会上,乔尼报名参加了长跑和跳高,并夺得了这两项比赛的冠军,打破了区里小学组的纪录。因为这件事,热爱运动的乔尼成了学校的体育明星,无论走到哪儿,大家都会主动跟他打招呼。

瞧一瞧乔尼,步子轻快,眼神明亮,抬头挺胸,浑身上下充满了自信和朝气,这让从来就不怎么运动的查多多羡慕极了。

俗话说:"生命在于运动。"对于成长中的男生来说,运动更是必不可少。经常运动不仅能增强体质,还能消除学习和生活中的疲劳,振奋精神。

好的学习成绩是实力的最佳证明,但是,健康的体魄和阳光乐观的性格也是男生不可或缺的资本哟!

每天运动一点点

1. 运动要定时定量,不要挑战"极限运动",剧烈的运动不仅不能锻炼身体,还会适得其反,使身体受到伤害哟!
2. 选择适合自己的运动,最好有一两项突出的体育项目,比如羽毛球、乒乓球、跳绳等。
3. 积极参加各种体育活动,在运动中获得快乐和自信心。

我突出的一面

运动会很快就结束了。三班取得了团体第二名的好成绩。秦老师站在讲台上，一脸欣慰地对同学们说："班上很多同学都拿到了各项比赛的奖牌，为总成绩做出了贡献，值得表扬。"

听了老师的表扬，查多多非但不高兴，反而很郁闷地嘀咕道："我什么都不会，一块奖牌也没拿到，只能当后勤跑跑腿。"

乔尼拍了拍他的肩膀，安慰道："谁说你什么都不会。你虽然在运动方面不行，但是，你在后勤工作上的表现特别突出呀！你为运动员递水、递毛巾，还带领大家为运动员们加油打气……功劳也很大呢！"

听了乔尼的话，查多多心情好多了。

是呀，每个人都有自己的长处和短板，人无完人，不要因为自己在某方面不如别人，就感到自卑。我们要看到自己有优势的那一面，然后细心浇灌，努力栽培，就一定会在这方面取得令人瞩目的成绩。

人物小档案

虽然乔尼的学习成绩不算拔尖,但是他在体育运动方面有非常高的天赋。乔尼经过坚持不懈的锻炼,现在已经成为学校足球队里的佼佼者了呢!

别看杜宇总是调皮捣蛋,让老师头痛不已,他的想象力比谁都丰富呢!他亲手制造了一个小型的机器人,在科技竞赛中大出风头。

也许你的学习成绩平平,但是体育成绩突出;也许你演讲能力不行,但是想象力丰富,创造力非凡!我们并不完美,但总会在某一方面表现突出。重要的是,你是否能找到自己的闪光点,并为此付出努力呢?

让人刮目相看的爱好

中午,杜宇一走进教室,就看到唐蜜走来走去,嘴里还不断念叨着:"怎么办,怎么办……"

杜宇不解地问:"唐蜜,你怎么了?"

唐蜜愁眉苦脸地说:"唉……还不是黑板报的事情。"

唐蜜一五一十地将事情告诉杜宇。原来,星期五学校就要进行黑板报评比了,可是他们班的黑板报才画了图案和框架,没有填上字,作为宣传委员的唐蜜正愁上哪儿找粉笔字写得好的同学呢。

杜宇笑嘻嘻地说:"唐蜜,你面前就有一个书法大师。"

唐蜜左看右看,面前站着的就只有杜宇啊!莫非,他自己就是……她一脸的不信任:"就你?还是算了吧。"

杜宇顿时气得跳脚:"我怎么了,难道我就不能写出漂亮的粉笔字吗?"说完,杜宇拿起粉笔,在黑板上认真地写了几个字。

唐蜜的表情由怀疑变成了惊讶,平时的杜宇调皮捣蛋,没想到写的粉笔字又整齐又美观,这回真让她刮目相看啊!

● 你为自己的爱好付出努力了吗？

查多多：我的爱好是画画。不过我并没有花时间认真学过画画，只是无聊的时候画几笔。有时候不想画了，我就会把画笔扔到一边，所以，到现在我也画不出好看的画……

杜宇：我最大的爱好是书法。我不仅让妈妈给我报了书法班，而且花了很多时间练习。我也经常学习一些书法大师写的字，并学着模仿和练习。前几天，我参加小学生书法大赛，得了第一名……

秦老师点评：每个人都有自己独特的爱好，我们应该重视自己的爱好，并且在这方面付出比别人更多的努力，然后坚持下去，就能将爱好变成让人刮目相看的特长，变成让自己引以为傲的实力。

我的学习实力

三班竞选学习委员，班上成绩最好的陆浩然当选了。大多数同学都认为，陆浩然成绩最好，当然应该由他来当学习委员啦！

查多多却有些不服气："他不就是仗着成绩好，老师喜欢，才当上班干部的吗？这算什么本事？"

可是，没过几天，查多多就发现自己错了！陆浩然自从当上了学习委员，不仅自己做表率，上课认真听讲，积极回答老师的问题，按时保质完成作业，还认真监督和用心帮助其他同

学学习，变成了老师的得力小助手呢！不知不觉，同学们都向陆浩然看齐，班里的学习风气越来越好了。

原来一个人的学习实力，也可以转化成有用的领导能力啊！而且，最重要的是，这种能力是每个人都具备的哟！只要你认真、努力、坚持，就可以像陆浩然一样，既能提升自己的学习成绩，又能帮助别人哟！

如何证明自己的学习实力？

- 听课时不要走神，认真做好课堂笔记。
- 认真完成作业。比如字迹端正，不犯粗心马虎的错误等。
- 主动学习，主动给自己布置学习任务。不要老师说什么才做什么。
- 制订学习计划，设定学习目标，并努力去实现它！

男孩,怎么维护自尊心?

试卷发下来了,杜宇拿着自己的试卷,一副无精打采的样子。

陆浩然凑过来一瞧,卷子上鲜红的分数少得可怜,是班上的倒数第一呢!于是,他笑道:"28分?哈哈,离及格只差32分了,真棒!"

可是,在杜宇听来,陆浩然的玩笑话却非常刺耳,仿佛在嘲笑他"真没用"。杜宇顿时又羞又恼,生气地大吼:"有什么好笑的!"

陆浩然丈二和尚摸不着头脑,莫名其妙地说:"你吼我干什么,不就是开个玩笑嘛,这点儿承受能力都没有,有本事自己考个100分啊,考了28分还不让人说,真是的……"

话没说完,杜宇的拳头就过来了。

陆浩然气不过也还起手来,顿时,两人扭打成一团。

最后的结果不言而喻,两个人都受到了老师严厉的批评。

自尊心,对男孩来说非常重要。当受到侮辱或嘲笑时,男孩总会想方设法维护自己的自尊心。而很多男孩维护尊严的方式就是直接动手。可是,动手能为男孩赢回尊严吗?不能,动手只会放大你的弱点,甚至让你陷入更大的麻烦。

对男孩来说,维护自己的尊严很重要,但是,也要找到正确的方法!

● 维护尊严的正确方式

● 想要得到别人的尊重，首先你得尊重自己。如果你总是不思进取，没有冲劲，那又如何能得到别人的尊重呢？

● 用行动证明自己，把别人的嘲笑、异样的目光、怀疑的话语……统统变成你前进的动力。

我的气场强大吗？

自习课上，秦老师交代大家一定要保持安静，并安排陆浩然管纪律。可是，秦老师刚走，教室里就乱成了一锅粥。

有的人在说话，有的人在看课外书，有的人甚至离开了自己的座位！

"大家别吵了！安静！安静！"陆浩然站在讲台上大喊。可是，他的嗓子都快冒烟了，大家依旧各玩各的，没人理他。

为什么秦老师只要说一句话，就能让所有人都安静下来，但是陆浩然喊破嗓子，也没有一个人

乖乖听他的话呢？

　　因为在同学们眼中，陆浩然虽然嗓门儿特别大，但没有一点儿气场，所以大家都不怕他。

　　一个成功的领导者，需要拥有强大的气场。因为强大的气场会让你看起来特别自信、特别有魄力，同时也能获得别人的支持和信服。

怎样才能让自己变得有气场呢？

- 说话要沉稳有力，不要大喊大叫，更不要细声细气地说话。
- 在公众场所，要抬头挺胸，挺直腰杆。不要总是低着头，缩着肩膀。
- 在讲台上发言时，不要有太多的小动作，比如扯衣角、摸头发等，这会让你看上去举止不定，很没有自信！
- 作为班干部，让别人信服你的首要条件，就是以身作则，成为表率，这样你才会更有底气、更有气场！

矮个子的优势

查多多是三班个子最矮的男生，他不能参加喜欢的篮球队，因为篮球队需要高个子队员。为此，查多多感到非常自卑。

这天，乔尼突然找到查多多，邀请查多多加入班上的篮球队，参加全市小学生篮球比赛。

查多多高兴得差点儿跳起来，可是他一想到自己的身高，又立马泄了气："我还是不去了吧，我个子这么矮，恐怕只会拖大家的后腿。"

乔尼拍拍他的肩，鼓励道："谁说个子矮就不能打篮球了？现在的篮球队后卫个子都不高。个子矮的人速度快，行动灵活，传球时能够轻松地避开对手的阻拦……"

"真的吗？"乔尼说了一大堆矮个子的优势，查多多的眼睛里渐渐散发出自信的光彩。

乔尼坚定地点点头："当然是真的！查多多，我相信你能发挥你的优势！"

"好！我参加！"查多多握紧了拳头，浑身上下瞬间充满力量。没想到，他的身高劣势，现在居然变成了优势！

这个世界上，没有人是完美的。并不是身体有缺陷的人，就不能获得成功。不要为自身的缺陷或缺点感到自卑，学会将缺陷变成奋斗的动力，将缺点变成优点，那么自信和成功便不远了。

人物性格诊断

杨细细的性格缺点：性格内向，小心谨慎，敏感多疑。

诊断结果：性格内向的人心思缜密，做事情时认真仔细，会反复检查、验证，不容易出错。而且，这样的人感情丰富、心思细腻，能察觉到身边人的情绪变化，是一个很好的倾听者。

杜宇的性格缺点：有点儿贪玩，喜欢搞恶作剧，到处搞破坏。

诊断结果：首先，杜宇外向乐观、胆大、口才好，在人际交往、演讲方面有很大的优势。其次，如果把搞恶作剧和搞破坏时的想象力、创造力用在正确的地方，那么杜宇一定能成为一个受大家欢迎的小发明家！

陆浩然的性格缺点：有点儿骄傲、自以为是，总觉得自己说什么都是对的。

诊断结果：骄傲的另一面是自信，收起高高在上的态度，将骄傲转化成自信。自以为是的另一面是执着，坚持自己的想法，大胆质疑，并且不断探索，养成科学的学习态度！

说话有重点吗?

明明是同一件事，查多多说了一大串，大家还是听得稀里糊涂，而陆浩然三言两语，大家就听明白了，这是为什么呢？

因为查多多说话没有重点，他总是说一些和主题无关的话，说到最后，不仅大家没听懂，连他自己都忘了要说什么。而陆浩然说话时，直接把时间、地点、具体事件、注意事项都说清楚了，直截了当、简洁明了，大家一下子就听懂了。

光从这点上来看，你觉得查多多和陆浩然，谁的讲话方式更容易吸引听众，更具号召力呢？当然是思路清晰、说话有重点的陆浩然啦！要知道，想要成为一名杰出的领导者，没有强大的号召力可不行。而说话有重点，就是获得这种能力的第一步，也是最重要的一步哟！

说话找不到重点，该怎么办？

1. 别说太多无关的话题，这样不利于突出主题。
2. 说话前先在脑海里将思路理清。
3. 把要说的话分成几个点，这样说话显得有层次、有逻辑。
4. 尽量使用简单的表达方式。

当众讲话落落大方

"**谁**来把这篇课文念一下？"

语文课上，秦老师的目光在教室里扫视着。

杜宇在心里不停地默念："不要叫我，不要叫我……"

可是，好的不灵坏的灵，只听秦老师点名道："杜宇，你来念一下课文。"

杜宇慢吞吞地站起来，低着头，沉默着……

"杜宇，你怎么不读呀？"

在秦老师催促下，杜宇这才读起课文来。可是，杜宇读得很不好，声音比蚊子嗡嗡声还小，连杜宇的同桌都听不清他在读什么。

过了好一会儿，杜宇才吞吞吐吐地读完了课文。虽然秦老师并没有批评杜宇，可是杜宇自己却感到非常失落。

平时的杜宇外向开朗，说话嗓门特别大，和朋友聊天时好像有说不完的话，可是不知道

那么，我们该如何培养当众讲话也落落大方的实力呢？

- 每天选定一个题目，先对着镜子进行讲述，然后请家人和朋友充当你的观众。
- 上课时多举手发言，不要在意别人的眼光。有时候，你认为很丢脸的事情，其实别人根本不会在意。
- 发言时要抬头挺胸，说话时声音要大，底气要足。
- 平时多多表现自己，逐步增强自信和实力。

为什么，在公共场合当众发言时，他就感觉嗓子像被什么东西堵住了一样，什么话都说不出来了。

哎，杜宇该怎么办呢？

一个优秀的男孩，即使各方面实力都非常突出，却不能大方自信地当众发言，无法将自己的实力落落大方地展现出来，又如何得到他人的认可和信任？更谈不上成为优秀的领导者了。

看书看报长见识

陆浩然懂得真多呀！无论大家说什么，陆浩然好像都知道一点儿。在同学们眼中，陆浩然就是一个"百事通"。

其实，陆浩然并没有大家想象中的那么厉害。他只是平时爱去图书馆看书，也喜欢看报纸和新闻，收集一些有趣的知识和信息。久而久之，这些知识储存在他的大脑中，形成了一个庞大的知识仓库。如果需要什么知识，他就从这个仓库里取出来。

多看书看报，不仅能拓宽我们的视野，让我们的知识更全面，还能让我们变得更加自信、生活变得更加充实。而且，知识储备丰富的你，不管别人问什么，都能像电脑一样对答如流，这样的你一定能收获更多的信任和支持哟！

关于读书的名人名言

★ 读万卷书，行万里路。 ——顾炎武

★ 理想的书籍，是智慧的钥匙。 ——［俄］列夫·托尔斯泰

★ 书籍是人类进步的阶梯。——［苏］高尔基

★ 读一本好书，就是和许多高尚的人谈话。 ——［德］歌德

★ 书籍是在时代的波涛中航行的思想之船，它小心翼翼地把珍贵的货物运送给一代又一代。 ——［英］培根

只会说,不会做?

手工课上,老师正在教大家用易拉罐做笔筒。查多多正认真地做手工,他的搭档陆浩然在旁边不停地"指导"他。

"查多多,你应该这样做……"

"不对,你放反了。"

"停停停,你少了一个步骤……"

"你应该把这一块剪掉……"

……

笔筒做好后,陆浩然嫌弃地说:"天哪,查多多,你确定你做的是笔筒吗?"

查多多实在受不了陆浩然的唠叨,不满地说:"陆浩然,你这么会说,要不你来试一试?"

"我来就我来!"陆浩然动手做起来。可是,让陆浩然没想到的是,做笔筒说起来容易,做起来难,他做的笔筒比查多多做的更难看。

一旁的查多多忍不住笑道:"哈哈,我还以为你能做出更好的呢!"

陆浩然顿时觉得尴尬极了。

"先说不做假把式",一个劲儿地在旁边"指挥"别人,自己却拿不出一点儿真本事,怎么能让别人信服呢?一个真正有实力的男生,不仅会说,更重要的是具备动手能力。

如何培养自己的动手能力?

● 学会主动思考,主动学习。
● 如果遇到自己解决不了的难题,不要逃避,找方法解决它。
● 自己的事情自己做,减少对别人的依赖。
● 动手之前先思考,方法要得当,不要操之过急。

你能安排好时间吗？

放学回到家，查多多拿出课本，开始做起作业来。今天的作业可真多呀，数学、语文、英语……查多多简直不知道该从哪里做起。

查多多先写起了作文。写着写着，他有点儿不耐烦了，心想："我最不喜欢写作文了……"

作文还没写完，他又开始写数学作业。可是，过了一会儿，查多多碰到了一道难题，于是又开始写英语作业……就这样，他拖拖拉拉地写了一个多小时，一科作业也没完成。

这时，妈妈走进房间，看到眼前的情形，便说道："多多，你这样做作业是不行的，做事情要有始有终，做完了这件事，才能去做下一件事。什么时候该做什么作业，安排好时间，这样才能按时完成作业……"

听了妈妈的话,查多多为自己制订了一个"时间安排表"。

时间安排表	
18:00—19:00	做家庭作业（作业顺序：语文—数学—英语—其他科目）
19:00—20:00	画画、下棋、做手工等
20:00—20:30	放松时间
20:30—21:00	看半个小时的书
21:00	准时睡觉

有了这张计划表,查多多的目标明确了很多,开始定下心来做作业。先做语文,再做数学、英语……果然,查多多按时完成了作业。尝到了时间安排表的甜头,查多多还制订了一个在学校时的时间管理表……

现在能够管理自己的时间,将来才有能力规划集体的时间,这也是培养领导力非常重要的一步哟！

那么,赶快给自己也制订一个时间安排表吧!

自己的事情自己做

杜宇有个坏毛病，就是遇到难题，不愿意动脑筋，总想着别人能告诉他。

今天，杜宇做家庭作业做到最后一道题目时，他下意识地认为这道题会很难，所以根本没有认真看题目，就马上向妈妈求助。

"老妈，这道题怎么做？我不会！"

妈妈帮他解答了这道题后，杜宇也没有思考解题的方法和步骤，直接丢下作业本，跑去玩电脑了。

第二天，数学老师布置了一道作业题，并要求大家放学之前交上来。杜宇才扫了一眼，就认为这道题很难，他赶紧向唐蜜求助:"唐蜜,这道题我不会做。"

唐蜜不解地说:"这道题不难啊,和昨天家庭作业的题目差不多,连解题方法都是一样的。"

"是吗?"杜宇这才想起来,昨天的难题是在妈妈的帮助下完成的,自己根本就没有动脑筋思考,所以即使遇到相同的题目,他依旧不会做。

想要获取领导力,首先要具备自己解决问题的能力,特别是自己的事情要自己做,而不是总想着让别人帮忙哟。如果连自己的事情都要依赖别人,那又怎么能处理好集体的事情呢?

自我调查

1. 你会自己收拾房间吗?你房间的物品摆放有条理吗?
2. 你在家会主动帮家长做家务吗?
3. 没有老师、家长的监督,你能独立按时完成作业吗?
4. 你能课前主动预习,课后认真复习吗?
5. 你每节课都认真听讲吗?
6. 你早上能自己按时起床,不用妈妈叫吗?
7. 你能把每天的生活都安排好吗?

如果你能做到以上这几点,你便具备了"自理"的实力,为修炼领导力又添上了一分哟!

我来做决定吧!

  上课时,老师让大家分组讨论问题。陆浩然这一组正为了某个问题争论不休。

  "我认为应该这样做!"乔尼说。

  "你这方法错了。"杜宇反对。

  "我们到底该怎么办?"查多多左看右看,完全不知道该怎么办。

  他们几个人讨论了很久,也没得出结论,不由得一齐看向一旁的陆浩然。

好像无论遇到什么事,大家都会找陆浩然商量。因为当大家都不知道该怎么办时,陆浩然总能冷静地做出决定。

决策能力是领导力不可或缺的重要元素。如果你连做一个决定都犹豫不决,大家又怎么能把你当成主心骨呢?

当然,你得保证,你的决定是对的,而且,你要有勇气承担决断的后果。如果你都准备好了,那就果断地做决定吧!

- **绝不拖延。**无论做什么事,都要立刻行动。

- **做决定,从小事做起。**锻炼自己快速做决定的能力,比如购物、选餐时,别犹犹豫豫,尽量果断做决定。

- **大胆提出自己的意见。**在讨论问题时,不要一言不发,这并不能帮你做决定。

- **培养自己应对突发状况随机应变的能力。**

别着急,冷静下来

"糟糕了。"

校园文艺晚会在大礼堂拉开了序幕。突然,一声惊呼在舞台的幕布后响起。这是怎么回事呢?

原来,马上就要轮到三班表演节目了,唐蜜却发现播放音乐的U盘落在教室了。

没音乐可怎么表演呢?大家急得像热锅上的蚂蚁。唐蜜更是急得哭了起来:"呜呜,怎么办,都怪我……"

陆浩然很快冷静下来。他立刻找到负责报幕的老师,说明了情况:"请您把我们的节目往后挪一挪,让后面的节目先上。我会尽快把U盘取来的。"

然后,他又赶紧对体育委员乔尼说:"你跑得最快,赶紧去教室里把U盘拿来。"

最后,他对唐蜜说:"你再哭妆都花了,可就成了大花猫,难道你表演的节目是变脸?"

唐蜜一听,"扑哧"笑出了声,心里的焦急也渐渐平复了。

在前面一个节目结束之前,乔尼终于气喘吁吁地将U盘拿来了。一场有惊无险的失误,被陆浩然冷静地化解了。

面对突发状况，该怎么办呢？

★ 立刻采取补救措施。无论多么紧急，只要事情还没发生，就还有转机。

★ 安抚大家的情绪。

你有号召力吗?

最近,天气暖和了,三班的同学们决定周末一起出去玩。可是,到底去哪儿玩?什么时间去呢?有什么计划?每个人都有不同的建议……

教室里都快吵翻天了,也没商量出个结果。这时,乔尼灵机一动,走上讲台,将大家刚刚提到的活动写在黑板上。比如游泳、爬山、游植物园、参观科技馆等。

写完后,乔尼大声说:"请大家举手表决,为自己喜欢的活动投票。少数服从多数，投票最多的，就是我们周末要去的地方。"

大家互相看了看，觉得乔尼的办法很不错。

很快，投票结果出来了，有超过一半的人赞同去爬山。于是，乔尼又立刻写了一份活动的计划表，把活动的时间、地点、注意事项都写在表上……

周末很快到了，同学们按照乔尼的计划表，来到指定地点集合。在乔尼的安排和指挥下，大家出发了。

在爬山的途中，出现了很多意外情况。有女生摔倒了，乔尼就扶她一把；有同学被蚊子咬了，乔尼赶紧从书包里掏出驱蚊水……无论出现什么问题，乔尼总能应对……

在乔尼的带领下，大家还一起唱山歌、玩游戏……这次的活动，同学们都非常难忘。

别看乔尼平时不怎么说话，关键时刻还真是有号召力呢！

如何提高你的号召力呢？

- 不要自作主张，只考虑自己的喜好，要征得大部分人的同意后再做决定。
- 做事情之前要做好充分的准备，最好有一个计划表。
- 学会考虑事情的方方面面，不要遗漏细节。
- 学会观察身边的人。
- 学会换位思考，想人所想，急人所急，多替别人着想。

我要更努力一点儿

午休时间，杜宇路过花园时，发现杨细细拿着书，在亭子里走来走去，嘴里还念念有词。

杜宇走进亭子，好奇地问："杨细细，你在干什么呢？"

杨细细回答说："我练习演讲。我的演讲能力和大家相比，差得太远了。所以我只好更努力一点儿，追上大家。"

杨细细的性格内向，说话时的声音就像她的名字一样，细细的。每次老师叫杨细细回答问题，就连她的同桌也听不清她在说什么。

杨细细为了改变自己，每天中午都会来花园里大声读书，锻炼自己的胆量和勇气。

杜宇心想：他的数学成绩很差，可他不仅没有努力学习，反而经常不完成作业。和杨细细比起来，他简直太差劲了。

杜宇决定，从明天开始，也要为了学好数学努力！

当自己比不上别人时，就要比别人更努力。多付出几倍努力，就会多几倍成功的机会。如果发现了自己的不足，仍然不努力，那你将永远只能在原地踏步，眼睁睁看看自己被别人甩在身后了。

第二章

积极向上的领导者心态

勇于承担责任

上课了,秦老师气冲冲地走进教室,对同学们说:"昨天体育课我们班借了篮球,下课后却没有将篮球还回体育器材室。今天体育老师告诉我,器材室少了三个篮球。昨天是谁借了篮球,为什么没有还回去?"

教室里一阵沉默,昨天打篮球的男生们个个低着头,一句话也不说。

过了一会儿,乔尼主动站起来,说:"秦老师,我向您承认错误。虽然不是我借的篮球,但是我作为体育委员,却没有督促大家把篮球还回去。这件事我有很大的责任,我愿意为这件事负责……"

教室里顿时一阵唏嘘,大家交头接耳地讨论起来。乔尼的胆子可真大呀,秦老师正发火呢,他还赶往枪眼上撞。

秦老师的脸色缓和了一点儿,沉声说:"乔尼,你跟我出来一下。"

乔尼跟着秦老师来到办公室,已经做好了挨批评的准备。可是让他没想到的是,秦老师不仅没有批评他,反而表扬了他在这件事情上表现出的责任心和勇气。

责任是每个人与生俱来的使命,每个人都有自己的责任,对学习的责任,对生活的责任,对他人的责任,对社会和家庭的责任。如果犯了错,我们更需要主动承认自己的错误,并对错误产生的后果负责。

要知道,一个人只有敢于承担责任,才能被赋予更大的责任。

名言读一读

★ 我们应该不虚度一生,应该能够说:"我已经做了我能做的事。"

——［法］居里夫人

★ 我们的地位向上升,我们的责任心就逐步加重。升得越高,责任越重。权力的扩大使责任加重。

——［法］雨果

★ 要使一个人显示他的本质,叫他承担一种责任是最有效的办法。

——［英］毛姆

★ 人生须知负责任的苦处,才能知道尽责任的乐趣。

——梁启超

别做拖拉男孩！

查多多有个坏习惯，就是做事情喜欢拖拉。每次做作业，他都不能按时完成。

一天，查多多放学回到家，准备看会儿电视。可是想到自己的作业还没做，他就打消了这个念头，拿出课本，准备做作业了。

这时，查多多的爸爸打开电视机，看起了《动物世界》，这可是查多多最喜欢看的节目了。查多多忍不住瞟了两眼电视，就再也移不开视线了。

其实，查多多心里很矛盾，要是作业没做完，明天一定会受到老师的批评。可是，电视的诱惑实在太大了，他管不了那么多，只能将作业抛在脑后，津津有味地看起电视来。

等电视节目放完，都已经是晚上九点多了，查多多这才意识到自己的作业还没做完，他只能火急火燎地写起作业来……

第二天，秦老师发现查多多的作业字迹潦草，而且错了很多，于是问道："你的作业怎么做得这么马虎？"

查多多只好老实交代道："我昨天看电视看入迷了，一直拖到晚上才做。"

老师听了，语重心长地对他说："查多多，做任何事情都要按时完成，绝不能养成拖拖拉拉的坏习惯……"

查多多不好意思地低下头，心中暗暗发誓：我一定要改掉拖拉这个毛病。

医治拖拉,同学们有绝招!

乔尼:我会把我要做的事情列一张详细的表格,并写上完成每件事所需要的时间,严格按照表格执行。如果没做到,我就惩罚自己不能吃零食。

杜宇:我做作业时会远离电视机、漫画书,把自己关在安静、没人打扰的房间里。

唐蜜:每做好一件事情,我都会给自己一点儿鼓励,比如说一句"我真棒"或者奖励自己一根棒棒糖,以此鼓励自己继续加油。

陆浩然:我也有拖拉的毛病,有时候自己改正不了,我就会请同桌来监督我、帮助我。

男生也要讲卫生

体育课结束之后,乔尼抱着篮球,满头大汗地走进教室。可是,他刚坐在座位上,周围的几个女生就连忙捂住鼻子,离他远远的。

原来,乔尼刚打完篮球回来,手也没洗,汗也没擦,身上散发着难闻的汗味儿,原本干净的白衣服也变成了灰衣服。

乔尼翻开课本,洁白的纸上就出现一个脏兮兮的手掌印。

乔尼的同桌唐蜜忍不住说:"乔尼,你怎么不洗手啊?"

乔尼有些不以为然:"男生就是要不拘小节,这叫男人味,你们女生不懂。"

唐蜜真不懂了，乔尼这是从哪里听来的歪理啊。谁说男生就可以不爱干净，明明是汗臭味，还说什么男人味！

这时，班主任秦老师走进来，对乔尼说："乔尼，无论是男生还是女生都要讲卫生，如果全身上下都脏兮兮的，谁还愿意和你一起玩呢？养成勤洗手、讲卫生的好习惯，才能身体健康，不会生病。"

乔尼听后，不好意思地低下了头，然后乖乖地去洗手了。

 爱干净的男生更具吸引力！

1.不留长指甲，养成勤洗手的好习惯。

2.勤洗头，勤洗澡，勤换衣。

3.早晚刷牙，保持口腔清洁。

4.剪一个清爽的短发。

5.检查一下自己的鞋袜和衣服是否干净。

别再板着脸了

"你瞧,乔尼可真受欢迎啊!"陆浩然对查多多说。

乔尼被同学们包围着,不知道说了什么,大家都捧腹大笑起来。

陆浩然心里有些不是滋味:论学习成绩,自己比乔尼好。论家境,乔尼更是比不上自己。可是为什么乔尼能抢了自己的风头呢?

查多多认真地对陆浩然说:"难道你没发现吗?乔尼对谁都和和气气的,什么时候都面带微笑。"

陆浩然陷入了沉思,是呀,仔细想想,乔尼笑起来确实挺亲切的。而自己呢?无论和谁说话,都总是板着一张脸。

原来,微笑的力量这么强大啊……

微笑像一抹温暖的阳光,它能驱走心里的乌云,让生活变得更明媚。微笑还能拉近人与人之间的距离。当你微笑的时候,你会发现一切都特别美好。

微笑是展示自己、结交朋友的最佳武器,也是调整心态的最好方法。所以,还在犹豫什么呢?不要再板着脸啦,向大家展示你的微笑吧!

微笑能让你得到……

1. 积极乐观的心态。
2. 满满的正能量。
3. 好人缘。
4. 陷入困境也无所畏惧的勇敢。
5. 融化心里的冰山。
6. 让你变得更自信。

"最时尚"的着装

"哈哈哈……"

今天，杜宇刚走进教室，就引得全班同学哈哈大笑。这是怎么回事呢？

原来，杜宇的表哥从美国回来，送给杜宇一套奇奇怪怪的衣服。衣服上全是花，裤子上全是洞，而且上面还挂着几条金属链。

据杜宇的表哥说，这套衣服是美国最新、最时尚的款式，所有的美国男生都这样穿。杜宇心想：如果穿着这套衣服去学校，绝对能吸

引所有人的眼球。

第二天，杜宇穿着这套衣服来到学校，确实吸引了所有人的目光。不过，大家可不是羡慕他呀，而是在看他的笑话。

大家都觉得杜宇快成"丐帮帮主"了。

杜宇怎么也不会料到，这套"时尚"的衣服，害他闹了大笑话。

我们要知道，干净、利落的着装能为自信添砖加瓦，夸张的服装只会让人觉得别扭。男生应该穿什么样的衣服呢？

 穿合适、得体的衣服

不同的场合穿不同的衣服，比如在学校要穿校服；做运动时要穿休闲装；在正式场合要穿整洁、得体的服装。

 穿干净、整洁的衣服

不要为了博人眼球，而故意穿夸张的衣服，这样只会闹笑话。

对消极的心态说"NO"

上课时，秦老师给大家出了一道奇怪的测试题：如果遇到以下情况，你第一句话会说什么？

1. 手工艺课上，你的第一件作品和想象中的完全不一样，甚至有点儿难看。

A. "天哪，我做得太差劲了。"

B. "哈哈，毕竟是第一次，做成这样还是不错的。"

2. 在一次知识竞赛上，你的对手非常厉害，还拿过其他比赛的第一名。

A. "糟了，对方这么厉害，我肯定要输了。"

B. "哈哈，说不定这次拿第一名的人就是我呢。"

3. 遇到一个从未见过的大难题，第九十九次失败时……

A. "太难了，我还是放弃吧……"

B. "我想，我一定可以在第一百次的时候解决它！"

4. 当众发言时，发现自己讲错了，逗得全场哈哈大笑。

A. "太丢脸了，好想找个地洞钻进去。我下次再也不当众发言了。"

B. "赶紧把错误纠正过来吧。虽然有点儿出糗,但是给大家带来了欢笑,这也是一件好事呀。"

测试结果

秦老师:"选B的同学,说明你们拥有乐观积极的心态。无论遇到任何问题,都能勇敢地面对。这样的心态要继续保持哟!"

秦老师:"选A的同学,一定要好好反省一下自己的内心,是不是常常用消极的心态面对困难呢?自信一点儿,大胆一点儿,向消极的心态说'NO'!"

有时候,打倒自己的不是困难,不是挫折,而是自己的心态。心态消极的人在遇到难题时,还没有试着去解决,就认为自己不行,这样的人还没有开始就已经失败了。而心态积极的人会选择积极地面对,他们的成功概率比前者大了许多倍。即使最后失败了,心态积极的人也会说"大不了再来一次嘛"!

你的原则是什么？

随堂考试时，大家正在认真地做试卷。突然，杜宇递给乔尼一张字条，乔尼吓得赶紧将字条捏在手里。

趁老师不注意，他悄悄地打开字条，发现字条上写着：选择题第15题和第16题选什么？

乔尼这才明白过来，杜宇这是要和他对答案呀！

这不是作弊吗？不行不行！乔尼赶紧将字条撕成了碎片。

杜宇见乔尼不理他，又递了一张字条过去。可是，乔尼埋着头，再也不理他了。

考试结束之后，杜宇走到乔尼面前，气愤地说："乔尼，不就是和你对一下两个选择题的答案嘛,我又没抄答案,这点儿小忙你也不帮,你真不够哥们儿……"

乔尼一本正经地说:"杜宇,我认为作弊是不对的,就算只是一个选择题,对我来说也算是作弊。我不能因为你是我的好朋友,就打破我的原则。"

杜宇听完,不好意思地低下头,不再说话了。

考试时不和朋友对答案,这是胆小、不讲义气吗?当然不是,相反,不轻易破坏自己的原则,是一个人正直、诚实的表现。不过,前提是你所坚持的原则必须是正确的哟!

公仪休嗜鱼

春秋时期,有一个叫公仪休的人,他非常喜欢吃鱼。在他担任鲁国的宰相时,有很多人给他送鱼,但是公仪休都拒不接受。公仪休的学生想不通其中的原因,便问他:"老师,你这么爱吃鱼,却又不接受别人送来的鱼,这是为什么呢?"

公仪休答道:"正是因为我爱吃鱼,才不要这些鱼。如果我接受这些鱼,就会因为受贿而被罢免官职,那么我就吃不到鱼了。如果我想吃鱼,可以自己买鱼。"

公仪休坚持原则,奉守法度,也因此流芳后世。

什么是对？什么是错？

"丁零零……"上课铃响了，同学们都进教室了。

杜宇正往教室里飞奔。突然，他一个不小心，撞到了大厅的着装镜。只听见"哗啦"一声，镜子碎了一地。

走在后面的查多多刚好看见了这一幕。杜宇一脸担心地对他说："查多多，你千万不要把我打碎镜子的事情告诉老师啊！"

"可是……"查多多有些犹豫。

杜宇赶紧说："你要是向老师告状，我们就再也不是好朋友了。"

查多多只好无奈地点点头，然后提心吊胆的两个人一起回到了教室。

过了一会儿，秦老师走进来，站在讲台上，严肃地对同学们说："今天发生了一件影响很不好的事情，大厅的镜子被人打碎了。如果是我们班的人打碎的，我希望他能主动站出来承认错误。如果有人看到是谁打碎的，也不要包庇……"

教室里鸦雀无声，杜宇把手指放在嘴唇上，示意查多多不要说出来。

查多多的心都快跳出嗓子眼了，他默默地低下了头，一句话也没说……

查多多应该怎么做才是对的呢？如果你是查多多，你会怎么办呢？

朋友们来支招

乔尼：杜宇是查多多的好哥们儿，如果查多多把这件事告诉老师，就是打小报告，没义气。

陆浩然：杜宇闯了祸，查多多当然要告诉老师。帮着好朋友隐瞒错误，这不是讲义气，而是错上加错，不仅不会帮到他，反而会害了他。

唐蜜：如果我是查多多，我首先会鼓励、说服杜宇主动去向老师承认错误。

学会判断对与错。即使是最好的朋友，如果他犯了错，也应该劝他承认错误，而不是帮他隐瞒。最后，查多多听取了唐蜜的建议，说服杜宇主动向老师承认错误。杜宇闯了祸，一定会受到老师的批评，但是我们相信，杜宇敢于承认自己的错误，老师一定会原谅他。

出现问题，先从自身找原因

放学后，陆浩然和查多多留下来打扫教室。

窗外的天阴沉沉的，大风呼呼地刮着，眼看着就要下雨了。

陆浩然皱着眉头说："查多多，我们快点儿扫完了回家吧。"

于是，两人用最快的速度打扫完教室，便匆匆忙忙地赶回家了。果然，刚回到家不久，外面就下起了大雨。

第二天早上，陆浩然和查多多来到教室，发现同学们都围在窗户边议论纷纷。他俩走近一看，才发现

靠窗座位上的书全湿了，而书的主人杨细细正在嘤嘤哭泣。

其中一位同学说："一定是昨天值日的同学没有关好窗户，所以雨水被风吹进来，杨细细的书全淋湿了。"

陆浩然和查多多顿时呆住了。陆浩然赶紧说："我是负责扫地的，关窗户的事情不归我管。"

查多多过意不去，他走上前，对杨细细说："都是我不好，昨天我为了早点儿回家，没有认真检查窗户有没有关紧。要不是因为我，你的书也不会被打湿了……"说完，他主动帮杨细细把湿了的书摊开，晒在窗户边上，还把自己的书借给了杨细细。

查多多心想：下次值日再也不能这样粗心大意了。

如果考试失败了，有一类人会说"一定是考试的题目太难了""都怪老师没重点讲解这些内容"，这类人会不断为自己的失败找借口。而另一类人会主动从自己的身上寻找失败的原因：是不是自己太粗心了？是不是学习时不够认真？是不是用错了方法……不断地反省自己，并且告诉自己下次要吸取经验，再不能犯同样的错误。

相比之下，后一类人更具有领导者该有的责任和担当。

别动不动就反悔

今天上午,陆浩然找到杜宇,对他说:"杜宇,广播站要做一张海报。你的字写得好,能帮忙写一写海报上的字吗?"

杜宇想都没想就答应了。

陆浩然高兴地说:"太好了,那咱们说定了。今天中午,学校广播室不见不散。"

可是,到了中午,杜宇却突然反悔了。原来,中午有一场篮球比赛,杜宇想去看比赛,哪儿还有心思帮陆浩然写字呀。

陆浩然急了:"可是,你明明先答应我了,再说海报今天下午就要用了……"

杜宇笑嘻嘻地说:"实在对不起呀,你还是找别人写吧。你放心,下次你找我帮忙,我一定不会反悔。"

说完,杜宇一溜烟儿跑了。

陆浩然又生气又着急,心想:我下次可再也不能找杜宇帮忙了,太不靠谱了。

你身边也有这样"不靠谱"的朋友吗?答应了别人的事情,不仅没有尽心去做,反而动不动就反悔。这样的行为,不仅伤害了朋友之间的友谊,也破坏了自己的信誉,让自己的信任值大打折扣。

为自己的诚信加一加分!

- 如果是自己很难做好,或根本做不到的事情,就不要答应。
- 君子一言,驷马难追。答应别人的事情,一定要做到,不要动不动就反悔。
- 答应了别人的事,就要尽全力做到最好。
- 只要尽了全力,即使最后没有做到最好,对方也能感受到你的诚意,自己也问心无愧。

没主见的口头禅

"随便"是查多多的口头禅。无论是在聚会、班级活动上还是在其他场合中,只要让查多多发表意见,查多多就会冒出"随便"两个字,让身边的人感到很恼火。

有时候,查多多有了想法和意见,他也会选择憋在心里不说出来。时间久了,大家无论讨论什么事情,都很少询问查多多的意见。

如果你经常说"随便",会让人觉得你是一个不愿动脑子、没有主见的人。即使你只是想表达对对方的尊重,把决定权交给对方。但是,经常把"随便"挂在嘴边,你就真的失去了主动表达的机会和能力。

还有哪些话会让你显得没主见呢?

- "差不多吧,我没意见……"
- "好呀好呀,我都可以……"
- "我不知道,听你们的……"
- "你说什么就是什么吧……"

你也经常说这些口头禅吗?赶快改掉吧!

我该听谁的呢?

这天,乔尼剪了一个新发型,问大家好不好看。陆浩然说:"非常帅,是最近最流行的发型。"

一旁的杜宇听了,也觉得乔尼的发型很帅,便说:"是挺帅的,我也想去剪一个。"

乔尼十分得意。

过了一会儿,唐蜜走进教室,看到乔尼的新发型,顿时哈哈大笑起来:"乔尼,你的新发型像一个锅盖,哈哈,太搞笑了。"

杜宇一听,再看乔尼的发型,发现真的有点像锅盖,于是也跟着笑了起来。

乔尼看着杜宇笑得前仰后合,真是气不打一处来:"杜宇,你之前不是说这款发型很帅吗?"

其实，杜宇根本就没有仔细观察过乔尼的发型，陆浩然说帅，他就觉得帅；唐蜜说难看，他便又觉得难看。

杜宇常常这样，老是习惯附和别人的观点，别人说什么就是什么。可是，当大家的观点不一样时，他就会乱了方向，不知道该听谁的，站在一旁不知所措，却忘了听一听自己内心的想法。

想要成为团队中有决策力和领导力的人物，就不能总听别人的，而是应该积极发表自己的看法和意见，做一个有主见的男孩哟！

做一个有主见的男孩

- 要有自己的原则，不要因为别人的话而动摇自己的原则。
- 学会选择，不要盲从。面对不同的观点，根据自己的具体情况做出判断。
- 学会观察和思考，了解清楚后再发言。
- 要有自己独特的见解，不要因为自己和别人的观点不同就觉得一定是自己错了。
- 敢于独立挑战学习和生活中的困难，不要因为别人说你不行，就不去做。

男孩，少一点儿抱怨

今天的天气真糟糕。

为什么他能选上，我就不能呢？

这么多作业，累死了。

唉……真不公平。

下课了，和朋友们聚在一起时，杜宇经常大发牢骚，抱怨学习太累了，作业太多了，天气太差了……无论是在学习上还是生活中,每当遇到问题,大家听到杜宇说得最多的就是抱怨的话。

刚开始,大家还觉得和杜宇"同病相怜"。但是时间久了,大家都不愿意听杜宇的抱怨了。也许杜宇的抱怨是无意的,但是抱怨的话不离口,会让自己变成一个很消极、很悲观的人,同时还会使身边的人感到不舒服。

● **让抱怨少一点儿的好方法**

1. 改变说话的语气和方式。总是抱怨个不停,会让心情变坏。如果把"这么多作业,累死了"变成"作业再多也难不倒我",这样的话会不会让心情好一点儿呢?
2. 抱怨只会让情况变得更糟糕。抱怨之前想一想:这样的抱怨有什么意义吗?
3. 少抱怨,多做事。与其把时间花在抱怨上,不如想想怎么解决问题吧!
4. 别只想着糟糕的那一面,任何事情都有美好的一面。即使是糟糕的下雨天,也会给世界带来湿润和凉爽。

不要自以为是了

"你错了,我觉得应该这样做……"

"我不觉得我错了……"

"你根本就不懂……"

"你们应该听我的!"

每当陆浩然说这些话时,同学们都想对他说:"陆浩然,不要再自以为是了!"

自以为是的毛病会让自己变得骄傲,也会让身边的朋友离你越来越远。

测试:你是一个自以为是的人吗?

1. 认为自己说什么都是对的。

2. 很骄傲,觉得谁都比不上自己。

3. 自己的观点被别人反驳时,会有点儿生气。

4. 经常说"我觉得……""我认为……"。

5. 没有询问别人的意见，就擅自做决定。

6. 当别人在说话时，会迫不及待地打断别人。

如果你有3条及以上答案是肯定的，那么你可能有一点儿自以为是的毛病。

不要着急，赶紧看一看消除"自以为是"的小妙方吧！

- 每天自我反省，想一想自己说的话、做的事有没有什么不妥。
- 多听听别人的意见，不要一遇到别人有和自己不同的意见，就迫不及待地反驳对方。
- 学会把自己的观点和别人的观点进行对比，找出自己的亮点与不足，认清自身的对与错。

低调一点儿吧!

在一次随堂小测试中,杜宇意外获得了满分的好成绩,大家纷纷向他竖起了大拇指。

"杜宇,你可真厉害呀!"

"杜宇,没想到你深藏不露啊!"

"杜宇,真羡慕你考了100分……"

"连陆浩然都没比过你,太牛了!"

在大家的吹捧和夸耀声中,杜宇有点儿飘飘然了。从这以后,他认为自己很聪明,总是在同学面前显摆、炫耀。

可是,在第二次测试中,杜宇却摔了个大跟头,成绩一

下子从满分变成了不及格。同学们也开始怀疑他的实力：原来，杜宇并不厉害，上次取得好成绩只是因为他运气好……

一瞬间，杜宇从得意变成了难堪，真恨不得找个地洞钻进去。

在麦田里，麦穗大、颗粒饱满的小麦总是低着头，弯着腰；而麦穗小、颗粒空瘪的小麦总是高傲地仰着头，在麦田中显得特别出众、神气。秋收时，农民伯伯看到低着头的麦穗，喜笑颜开，把它们收割回家，而那些仰着头的麦穗则会被丢弃。要知道，真正的实力不是炫耀出来的，而是靠自己的努力获得的！

做一个低调的男孩

· 谦虚能赢得别人的尊重。

· 不要自吹自擂，抬高自己就等于孤立自己。

· 用真正的努力和实力武装自己。

· 不要老是把以前的成功挂在嘴上。

· 放宽自己的心态，去接受新的挑战。

男孩的风度

放学回家的路上,查多多和陆浩然正在过马路,突然,一个阿姨从查多多身边跑过,把查多多撞了一个趔趄,差点儿摔倒在地。

没想到的是,查多多还没说话呢,那个阿姨先开骂了:"会不会走路啊!"

查多多也不气,也不恼,反而微笑着叮嘱阿姨:"阿姨,走路要注意安全呀!"

阿姨一听,脸一红,不好意思地走开了。

陆浩然不解地问:"查多多,为什么你被

撞了不生气，反而还笑着让别人注意安全呀？太弱了吧。"

查多多说："这点儿小事，我没有必要计较啦！男孩子就应该有点儿风度嘛！"

不计较并不代表软弱无能，相反，有时候它是智慧和勇气的表现，是一种修养和美德。面对生活中的一些小意外，少计较一些，多一些风度，才能让自己保持愉悦和乐观的心情，积极面对生活呀。

 做个有风度的男孩吧！

- 尊敬长辈，爱护弱小，不欺负女生。
- 凡事讲理，不应大吵大闹。
- 讲礼貌，不骂脏话，更不会用拳头解决问题。
- 拥有一颗宽容豁达的心，小事不计较，大事有原则。

但值得注意的是，一味的忍让会让人变得懦弱，丧失原则。当你受到侮辱或遇上危险的情况时，也要学会使用正当手段，捍卫自己的权益。

竞争对手≠敌人

陆浩然和唐蜜是竞争对手,两人的学习成绩不相上下,每次考试,不是你第一,就是我第一。

可是,陆浩然不仅把唐蜜当成学习上的竞争对手,还把她当成了自己生活中的"敌人"。每当唐蜜超过了他,他的态度就变得很不友好。

而每当陆浩然考第一名时,唐蜜的态度却和陆浩然完全相反。

陆浩然时刻想着超过唐蜜，反而给自己增加了额外的压力，学习起来有一些力不从心，效果也事倍功半。而唐蜜不仅真心祝贺陆浩然，还谦虚地向他学习，取长补短，进步也越来越明显。

真正的成功者，不会把竞争对手当作敌人，而是把对手当作前进的动力。

和竞争对手一起进步吧！

- 了解你的竞争对手，并且向他学习。
- 大方地分享自己的学习心得。
- 一起合作，一起进步是最佳的竞争方法。
- 摆正学习心态，不要急于求成。
- 别把胜负看得太重，过程中的努力和付出更重要！

发泄情绪的正确方式

无论是在学习上还是生活中，我们常常会因为一些小摩擦、小烦恼，产生不满，甚至愤怒的情绪。而作为一个集体的领头羊、核心人物，面对的问题更多，时常会特别烦恼，产生不好的情绪，也就在所难免。如果总是把不满憋在心里，会让情绪变得抑郁、暴躁，这时，我们就需要学会发泄。

发泄也要有方法，错误的发泄可能会使情况变得更糟糕。适当的、正确的发泄才能保持良好的心态，让生活和学习变得更加轻松。

错误的发泄方式

- ♥ 摔东西。
- ♥ 沉默，把不满憋在心里。
- ♥ 不分场合和时间，当众怒吼，大发脾气。
- ♥ 对某个人感到不满时，选择再也不理对方。
- ♥ 用拳头解决问题。

正确的发泄方式一：向朋友或家人倾诉。

 正确的发泄方式二：运动发泄。

 正确的发泄方式三：让心情平静下来。

 正确的发泄方式四：用委婉的方式把不满说出来。

坚持的力量

运动会上,男子百米赛跑的哨声吹响,运动员们像离弦的箭一样,向终点冲去。而三班的杜宇因为起跑时的失误,冲出去时摔在了地上。

他的手肘和膝盖擦破了皮,渗出了鲜血。赛场边的乔尼赶紧跑进赛道,一把扶住他,担心地问:"杜宇,你没事吧?我扶你去医务室!"

杜宇咬着牙,一字一句地说:"不行,我不能放弃比赛。从哪里跌倒,我就要在哪里爬起来!"

说完,杜宇重新站起来,轻轻推开乔尼,然后自己一瘸一拐地向终点冲刺。

所有的运动员和裁判老师都在终点线上等着他,观众们也在为他加油。

终于,在大家的

鼓励下，在自己的坚持下，杜宇到达了终点！

全场响起了雷鸣般的掌声和欢呼声，就连这次比赛的第一名也向杜宇竖起了大拇指："你才是真正的冠军！"

名人故事

- "发明大王"爱迪生使用了6000多种材料，试验了7000多次，甚至用头发丝做过试验，终于找到了可以使灯泡发光的钨丝，发明了电灯泡。

- 著名书法家王羲之小时候为了练好毛笔字，不分日夜地练字，不知写坏了多少根毛笔，用了多少瓶墨水，就连洗笔的水池都被染成了黑色。终于，他经过坚持不懈的努力，成为了中国历史上伟大的书法家，被后人尊称为"书圣"。

- 法国小说家巴尔扎克，以超人的毅力坚持写作。二十多年里，他每天花十几个小时的时间写作，创作了包含九十多部作品的《人间喜剧》，被称为"法国现代小说之父"。

失败并不可怕，关键是有没有面对失败的勇气。成功并不遥远，重要的是有没有坚持不懈的力量。只要勇敢坚持，一切就都有可能！

比赛时，做一个正直的人

接下来是跳远比赛。乔尼抽到了30号，正在旁边候场，等待比赛。

突然，旁边的一位同学惊叫道："糟糕，我的号码牌不见了！"

要是没有号码牌，就不能参加比赛，那么，他之前的努力也就白费了。那位同学急得团团转。乔尼二话不说，赶紧帮他一起找。

找了好一会儿，乔尼终于在草丛里找到了号码牌，还给了那位同学。对方对乔尼连声说："同学，谢谢你，多亏了你……"

乔尼笑着摆摆手:"不用谢,这是小事。你比赛要加油哟!"

让人意想不到的是,在接下来的跳远比赛中,那位丢失号码牌的同学居然获得了第一名,而乔尼只和他差1厘米,屈居第二。

"乔尼,你现在一定很后悔吧!如果你没帮他找到号码牌,你就是第一名了。"一旁的杜宇替他可惜道。

乔尼却一脸平静地说:"我一点儿也不后悔啊!大家都是凭自己的实力公平竞赛,有什么好后悔的。"

在运动场上,我们就应该像乔尼一样,用正直的心态对待比赛,对待对手,即使没有赢得冠军,也能获得荣誉和尊重。

比赛的精神是什么呢?

1. 尽自己最大的努力,全身心地投入到比赛中。
2. 重在参与,不要因为害怕输掉比赛,就选择放弃。
3. 贵在坚持,即使遇到再强的对手,也不会放弃!
4. 拒绝"不道德"的手段,不要小聪明、钻空子。
5. 尊重对手,公平竞争。
6. 团结是团队竞赛的精神支柱。

我要充满正义感

周末,三班的几个男生约好一起去科技馆参观。

一路上,他们有说有笑,别提多开心了。突然,一辆摩托车飞驰而过,走在最边上的杜宇差点儿被撞到。

就在大家都庆幸杜宇没事时,不远处却传来痛苦的呻吟声。

大家循着声音望过去,一位老奶奶倒在地上,表情十分痛苦,手上的东西也撒了一地。此时,肇事的摩托车已经不见了踪影,大家一时间慌了手脚。

这时,乔尼突然站了出来,弯下身子准备去扶老奶奶,却被一旁的陆浩然一把拉住,说道:"千万别扶,小心她讹上你,你会后悔的。"

乔尼稍稍有些犹豫,可是很快,他的眼神再次变得坚定,说道:"如果我们不扶,任由老奶奶躺在地上没人管,要是她出了什么事,我们会更后悔的。"说完,他走上前去,小心翼翼地将老奶奶扶了起来。

在乔尼的感染下，其他同学也很快加入到帮助老奶奶的行列中，有的帮老奶奶捡东西，有的帮老奶奶拍身上的灰尘，有的询问老奶奶有没有受伤……

当他们离开时，老奶奶激动地竖起了大拇指："你们都是好孩子！"

你瞧！在正义的乔尼的影响下，大家都自觉丢掉了偏见，加入到助人为乐的行列中。可见，有正义感的男孩，更能得到大家的认可和拥护呢！

我要巧用正义感

★ **从小事做起。** 捡起一片垃圾，帮助一只流浪猫，劝阻同学打架，都是有正义感的表现！

★ **不要盲目做好事。** 比如，要学会区分骗子和真正需要帮助的人，不要滥用好心肠。

★ **正义感不是个人英雄主义。** 遇到大事，一定要找大人帮忙，千万别逞能。

★ **宣扬正义感。** 用自己的言行感染身边的人，让你的周围充满正能量，形成好风气。

班干部的"借口"

这次考试,乔尼考得不太理想。

乔尼妈妈问他:"乔尼,你最近怎么回事,学习总不在状态?你看看,这次考试退步了这么多!"

乔尼却理直气壮地说:"最近学校要举行篮球比赛,我作为体育委员,每天有很多事要做,哪儿还有时间学习啊!"

原来,自从要开运动会了,乔尼总是借口自己太忙,不去学习，这才导致了学习上的退步。

妈妈告诉乔尼："妈妈每天的工作也很累，但是妈妈能因为工作累，就不做饭，不洗衣服吗？如果这样，那你和爸爸就没饭吃啦！你也不能把'班干部事情多'当成不学习的借口，知道吗？"

听了妈妈的话，乔尼的脸红了。

别再给自己找借口啦！学会在班级事务和学习之间找到平衡点，相信你一定能成为一个学习棒、能力强的班干部哟！

该学习时，就专心致志地学习，完成好学习任务后，再认真处理其他事情。

认真完成老师布置的每一项学习任务。不要因为事多，就马虎应对。

时间就像海绵里的水，挤一挤总会有的。事情太多时，要学会利用零碎的时间去学习，比如利用课间十分钟完成一门作业。

写一张计划表，比如什么时候处理班级事务，什么时候学习，把学习和班级事务分开做，不要混在一起。

我原谅你啦!

杜宇正在写作业,突然钢笔写不出字了。他握着钢笔,用力甩了一下,一串墨水飞溅出来。

不幸的是,乔尼刚好经过他的旁边,一滴墨水落在了他的白色球鞋上,非常明显。

"杜宇,你……"乔尼一时气得说不出话来。

杜宇赶紧赔不是:"对不起啊,我不是故意的!"可是,他道完歉,心里一阵发虚,心想:这可是乔尼最喜欢的一双鞋呀!他肯定很生气,一定不会原谅我的。

没想到,乔尼的脸色突然阴转晴,不仅不生气了,反而安慰杜宇道:"没事,我用粉笔涂一下就看不见了,你别往心里去。"

顿时,杜宇心里别提多感动了,能有这样一个宽容大度的好朋友,真好啊!

俗话说："宰相肚里能撑船。"想要成为一个优秀的领导者，拥有一颗宽容之心很重要哟！

宽容名言读一读

● 初次的冒犯，不应该就引为仇恨。

——［英］莎士比亚

● 宽容是文明的唯一考核。

——［美］海尔普斯

● 不会宽容别人的人，是不会受到别人的宽容的。

——［俄］屠格涅夫

这样的话你会说吗？

"没关系。"

"我原谅你啦！"

"哈哈，这点儿小事不算什么。"

"我并不在意！"

不完美的第一次

<u>查</u>多多刚开始当劳动委员时，心里特别紧张，总是担心自己做不好。

一次大扫除时，同学们把地拖了，垃圾倒了，黑板也擦干净了，教室里焕然一新。可是，查多多依然不放心，把教室里里外外检查了好几遍，这才背着书包回家。

可是，即便这样，查多多还是遗漏了窗台上的灰尘，导致三班被扣了一分。

查多多内疚极了，他找到秦老师，说："老师，我觉得自己不适合当劳动

委员。我做得并不好。"

秦老师笑着说:"我第一次当老师时,连教室都走错了呢!每个人的第一次都不完美,不要因为你第一次做得不够好就泄气。老师相信你,只要坚持下去,接下来的第二次、第三次、第四次……你一定会越做越好!"

听了秦老师的话,查多多找回了自信,真的做得越来越好!现在,在查多多的带领下,三班的卫生成绩每次都是满分呢!

第一次做一件事情时,我们应该怎么做?

- 鼓励自己:凭自己的能力,一定能够胜任。
- 做好会遇到困难的准备!要相信,困难只是暂时的。
- 不要轻易就放弃。要相信,开始总是最难的,慢慢熟练了就好了。

你会发现,在不知不觉中,你的事情已经做完了,并且能力也得到了提高哟!

第二章

善管理、会沟通，
才能聚人心

她有什么需要吗？

秋天到了，在秦老师的带领下，三班的同学们坐上了大巴车，一起去郊外秋游。

大巴车行驶在平稳的公路上，不一会儿，车厢里响起了同学们悦耳的歌声……

乔尼唱得正开心。突然，他注意到坐在窗户边的杨细细没有跟着一起唱，而是靠在椅背上，脸色苍白，看上去非常难受。

糟了，杨细细晕车了！

乔尼将一瓶水递到杨细细面前，关切地问："杨细细，你还好吧?"

杨细细微微摇了摇头,皱起了眉头。

为了不扫了大家唱歌的兴致,乔尼并没有大声嚷嚷,而是走到车厢前面,把这件事悄悄告诉了秦老师。秦老师将准备好的晕车药递给杨细细。

吃完药后,杨细细的脸色终于好了一点儿,她对一旁的乔尼说:"乔尼,谢谢你,我好多了。"

歌声还在继续。乔尼松了一口气,他坐回自己的位置,看着窗外美丽的秋景,听着歌,心情也和秋天的阳光一样美好。

乔尼不仅关注到了杨细细的需要,也照顾到了大家的情绪。在团队活动中,关注他人的需要,是非常重要的,这会使团队更和谐,而且,在帮助别人的过程中自己也能感受到快乐哟。

作为集体中的一员,该如何关注到大家的需求呢?

1. 用心观察身边的人和事,不要只考虑自己。
2. 学会换位思考,站在别人的角度想一想。
3. 别总把关心挂在嘴边,默默做事更有意义。
4. 关心别过头,自然真诚就好。

我是模范标杆

查多多是三班的劳动委员，每周大扫除，他总是最积极的那个人。不仅如此，其他同学忙不过来时，他还会主动帮助。

我是体育委员，每次上体育课，我都会帮老师分配和整理体育器材，做老师的得力小助手。而且，我还积极参加学校组织的各种体育比赛。

我是学习小组长，每次做作业，我都会认真完成，争取把作业做到最好。

杜宇有点儿不明白了,好奇地问:"查多多,你这么积极地搞卫生,老师又看不到,更得不到表扬,有什么用呢?"

查多多挠挠头,不好意思地说:"我是劳动委员,得起带头作用啊。你想想,如果连劳动委员都不积极搞卫生,那其他同学就更不积极了。"

在查多多的影响下,大扫除时大家都十分卖力,每次卫生大评选,三班都能拿到全年级前三名。

在其位,谋其职,身在这个职位,就应该认真负责地对待这项工作。只有以身作则,成为这项工作的模范标杆,才能积极地带动大家,才能成为团队里的优秀领导者。

我是纪律委员,无论是上课还是自习,我从来不说悄悄话。如果连纪律委员都不遵守纪律,那教室里就该吵翻天了。

别再以貌取人了

上课时,秦老师走进教室。一个穿着朴素的男生,一瘸一拐地跟在后面,大家都用一种异样的眼神看着他。

秦老师说:"这是我们班新来的同学,名叫赵大宝。请大家用热烈的掌声欢迎他。"

教室里响起稀稀拉拉的掌声,还掺杂着嘲笑声。

赵大宝埋着头,看上去非常害羞,他支支吾吾地说:"大……大家好,俺……俺……"

听到这"奇怪"的口音,教室里顿时炸开了锅,大家都肆无忌惮地大笑起来,有几个男生还怪模怪样地学赵大宝说话。

赵大宝的头埋得更低了。

面对这样的情形，秦老师十分生气，她拍拍讲台，严肃地说："安静！这很好笑吗？赵大宝同学的家在地震中被毁坏了，所以才转到我们的学校。在地震中，赵大宝同学为了救一条小狗摔伤了腿。我想，这样勇敢的人，应该得到我们的尊重，而不是嘲笑……"

教室里突然变得安静极了，大家都惭愧地低下了头。尤其是刚刚模仿赵大宝说话的男生，心里更不是滋味。

我们在说每一句话、做每一件事时，都要考虑到别人的感受。没有人有资格取笑别人，也没有人希望被别人取笑。每个人都有短处和不足，如果总是抓着别人的短处进行取笑，这样的男生会失去风度，也会失去别人对他的好感。

将来，作为集体领导者的你，更应该拥有一颗善良的心，宽厚、平等地去对待集体中的每一个成员，这样的你才能获得宝贵的人心！

做一名公平的班干部

一到大扫除的日子，查多多就成了班上的"大红人"，一整天下来，他的座位旁挤满了同学。这究竟是怎么一回事呢？

原来呀，查多多是劳动委员，每次都由他来安排大扫除名单，谁扫地，谁擦窗户，谁倒垃圾，全由他一人说了算。这不，大家为了谋个轻松的好差事，全都找上了查多多。

"多多，咱俩关系最好了，给我找个轻松点的活儿呗！"

"多多，我放学后有点儿事，这次别安排我，行吗？"

"多多，你能把我和乔尼安排在一组吗？"

……

听到这么多不同的声音，查多多的脑袋都快炸了。他心想：如果要满足每个同学的心愿和要求，那脏活、重活岂不是没人干了？这可如何是好？

一旁的陆浩然看穿了他的苦恼，对他说："为了公平起见，你应该屏蔽所有人的声音，根据每个人的实际能力，做出合理的安排。"

作为一名班干部，我们就应该做到公平公正，不利用职务之便偏袒亲近的人，也不滥用职权为难不喜欢的人，这样的班干部才值得信赖，才会让所有人心服口服。

怎样做到公平公正呢？

·不能因为和谁的关系好，就偏袒谁。无论谁犯了错，都应该指出来。

·不能因为和谁在私底下有矛盾，就利用班干部的权力为难别人。

·严格地遵守班级的制度和规定。

"唱反调"的同学

这周,轮到第五小组出黑板报了。组长陆浩然负责黑板报的版式设计。他的设计主题是"学海无涯",在黑板的最下方画上翻滚的蓝色海浪和一艘艘小帆船。黑板上方还画了几只飞翔的海鸥。

"浩然,你这个设计真好看。"

"对呀,真有想象力,这次一定能拿奖。"

听到同学们的赞美,陆浩然不免有点儿飘飘然了。

这时,突然有一个不和谐的声音冒出来,说:"组长,你的设计很有创意,但会不会太简洁了?如果加上金黄色的沙滩和翠绿色的椰子树,会不会更好呢?"原来是在一旁认真思考了很久的乔尼。

听到乔尼的建议,陆浩然忍不住皱起了眉头,反驳道:"大家都觉得好,就你觉得不好,你不是在唱反调吗?而且,这样的设计再改就是画蛇添足了。"

"好吧。"乔尼无奈地耸耸肩,一句话也不说了。

几天后,优秀板报评选结果出来了,三班的板报因为设计太过单调而遗憾落选。陆浩然这才懊恼不已,原来乔尼并不是在"唱反调"呀,早知道听他的建议就好了。

在集体活动中,总会有人像乔尼一样"唱反调"。在一片叫好声中,也会出现"不好"的声音。一个优秀的领导者,应该学会容下不同的声音,认真考虑不同的意见。这样的集体才能更坦诚、更团结,不是吗?

你能容下这些声音吗?

 ♥ 批评你的声音。 ♥ 反驳你的声音。
♥ 不一样的想法。 ♥ 中肯的建议。

面对这些声音的态度……

★ **保持平静。**即使对方的语气可能让人不愉快,也不要因此面红耳赤地争辩。可以微笑面对,也可以保持沉默,或者沉着冷静地陈述自己的观点。

★ **包容接纳。**如果对方的话是对的,那就虚心接受吧!即使对方说的不对,也应该心平气和地解释清楚,而不是没头没脑地反驳。

别摆"官架子"啦!

杜宇刚当上了学习小组长,瞧他背着手,挺着胸,仰着头,像一只神气的大公鸡。

"喂,快点儿交作业!"杜宇拍着查多多的桌子说。

"喂,谁让你在教室里拍篮球!"杜宇对乔尼说。

"还有你,学校是照镜子的地方吗?"杜宇瞪着正在照镜子的唐蜜。

听到杜宇带着命令的语气说话,大家都不满地皱起了眉头。

唐蜜撇撇嘴："不就是个小组长吗？神气什么？还真把自己当个官，摆起官架子了。"

你身边有没有这样的班干部？总是喜欢用命令的语气和大家说话。遇上这样的班干部，想必大家都很不服气吧！

其实，想要当一名负责任、受欢迎，又能让大家信服的班干部，并不一定非得像杜宇这样。要知道，说话和气、好相处的班干部，更容易让大家接受呢！所以，赶紧收起你的"官架子"吧！

● 收起你的"官架子"

· 布置任务时，少用命令的语气，多用商量的口吻。
· 遇到不遵守纪律的同学，最好不要大声呵斥，应以劝导为主。
· 同学犯了错，不是立马打小报告，而是耐心劝他主动承认错误。
· 摆正心态，时刻提醒自己，你和大家没有什么不一样，更没有所谓的特权。

这是管得多吗？

杜宇收完作业，不小心打开了查多多的作业本，发现查多多的作业做得很马虎。

于是，他立刻叫来查多多："多多，你的作业错太多了，你看，连这样的基础题都错了。你重新做一遍吧！"

"你只要负责把作业收齐，然后交给老师就好了啊，干吗还要检查这么多？"查多多很不服气，他心想：这个杜宇，平时成绩还不如我呢，有什么资格管我？

"可是，老师让我在收作业的同时，也顺便检查你们的作业质量。如果作业做得不好，对你也没有好处，不是吗？"杜宇耐心地说。

"你管得可真多。"查多多撇撇嘴说，顺手扯过作业本，转身走了。

杜宇无奈地摇了摇头，难道自己真的管得太多了吗？学习组长的任务只是把作业收齐就好了吗？

其实，杜宇这种"管太多"的行为，还值得表扬呢。他作为小组长，不仅要对自己的工作负责，也要对同学们负责。如果查多多作业做得不好，最后免不了要重做，还可能受到老师的批评。在杜宇的监督下，查多多把作业做好了，也能省去很多的麻烦，这样不是更好吗？

小组长大职责

1. 认真执行老师布置的各项任务。
2. 监督组员遵守校纪校规。
3. 督促组员认真完成作业。
4. 热心帮助需要帮助的同学。
5. 团结组员，共同进步。

学习委员的记事本

早上,秦老师对陆浩然说:"中午之前把同学们的作业本收上来。"

陆浩然答应得好好的,可是没多久就把老师的话给忘了。

到了下午,秦老师匆匆走进教室,找到陆浩然:"我让你收的作业呢?"

陆浩然这才想起来:"哎呀!糟糕,我给忘了!"

经过这件事,陆浩然给自己买了一个工作记事本,专门记录每天要做的事,比如什么时候收作业啦,什么时候检查背书啦,什么时候发作业本啦……

自从有了记事本,陆浩然再也没有忘记过老师布置的任务了,每项任务他都完成得又快又好。期末的时候,他还评选上了优秀班干部呢。

很多同学自从当上了班干部,就觉

得时间不太够用了，常常忙得晕头转向，学习和工作两头顾不过来。遇到这样的情况时，就学学陆浩然，买一个笔记本，无论是学习上还是工作上的事情，都记在记事本上，一件一件去完成，就不会出现"一团糟"的情况啦！

这样是不是一目了然了呢？你也赶紧试一试吧！

点燃大家的热情

离全市小学生篮球比赛的日子越来越近了,别的班都在加紧训练,而三班的篮球队员们却一点儿也不着急似的,训练时拖拖拉拉,讲解规则时也不认真听。而且,每天都有队员迟到,最后有些人干脆不来训练了。

作为篮球队长的乔尼急得像热锅上的蚂蚁。

他找到陆浩然,陆浩然一边看书一边说:"考试也快到了,我得复习了。学习比篮球更重要。"

乔尼找到杜宇,杜宇说:"队长,我虽然也很想参加比赛,但是现在训练还来得及吗?我怕我们没有赢的希望。"

乔尼找到查多多,查多多说:"队长,我……我球技不行,我还是不去了吧。"

乔尼又找到其他队员,可是每个人都有各种各样的借口。乔尼一时间泄了气,"唉,到底该怎么办呢?"

其实,队员们并不是不喜欢打篮球,只是面对如此重大的比赛,大家连进初赛的信心都没有,又哪来的热情训练呢?

那么,乔尼作为队长,应该如何点燃大家的热情呢?

1.为大家设定一个共同的目标。

 2.肯定每一个人的能力。

 3.激起大家的团队意识，增加大家的自信。

 4.考虑到每一个人的实际情况。

常说充满正能量的话

操场上,篮球赛的初赛正在紧张地进行着。三班篮球队的队员们坐在一旁,有些无精打采。

查多多沮丧地说:"我们怎么这么倒霉呀,刚一上场就对上四班。谁不知道四班篮球队是超级厉害啊!"

队长乔尼赶紧说:"比赛还没开始,咱们怎么能先认输呢?初赛马上就要开始了,大家一定要打起精神来,谁赢谁输还不一定呢!"

听了乔尼的话,查多多不解地问:"乔尼,你为什么总是斗志满满呀？我从没见你沮丧过。"

"哈哈，如果连队长都没斗志，那大家不就更没信心了吗？"乔尼笑着说。

队员们听了乔尼的话，都不由得打起了精神。

每当队友们感到沮丧时，乔尼充满正能量的话语和积极的心态，仿佛给大家打了一针强心剂，让大家振奋起精神，应对比赛。

当有人感到难过时，周围的气氛也会变得悲伤；当有人生气时，那么大家很明显能感受到他的怒气；当一个人哈哈大笑时，大家也会不由自主地弯起嘴角。情绪是会感染的，如果你希望身边总是充满欢声笑语，那就像乔尼一样，常说充满正能量的话去感染大家吧！

我们要多说这样的话！

——多说一些肯定别人的话："你做得很好！"

——多说一些赞美别人的话："你在这方面很有天赋哟！"

——多说一些激励别人的话："我相信你！""你一定能行！"

——多说一些乐观自信的话："嘿，今天又是新的一天。"

成功时的提醒

中午,操场上传来一阵阵欢呼声,发生什么事了呢?

原来,在大家的共同努力下,三班的篮球队居然打败了四班,闯进了复赛!同学们都在为此庆祝呢!

在观众们惊讶、佩服的注视中,三班的队员们不免有些骄傲了。

"哈哈，三班出手，片甲不留！"杜宇得意地手舞足蹈起来。

"咱们班拿到冠军概率很大哟！"查多多也自信满满地说。

"我看，四班也没传说中的那么厉害嘛！"就连平日里最沉稳的陆浩然也有些飘飘然了。

乔尼听到大家得意扬扬的话，赶紧提醒道："高兴归高兴，但是咱们别骄傲啊。接下来咱们还会遇上更强劲的对手，可不能掉以轻心呀！"

杜宇不以为然："乔尼，你别长他人气焰，灭自己威风啊。"

乔尼笑了笑，说："我们班确实很有实力。但是，我们虽然进了复赛，可还有半决赛、总决赛呀！我们面临的对手，还有其他学校的队伍，他们的实力可能会更强大……"

说到这儿，队员们都不由自主地点点头："你说得对，我们差点儿就骄傲过头了！"

当篮球队取得成功时，队长乔尼做了什么呢？他并没有和大家一样，沉浸在成功的喜悦中。一个成功的领导者，能在失败的时候，给大家鼓励，让大家重振旗鼓；也能在成功的时候，提醒大家不要骄傲，继续前进！

不关我的事吗？

下午，温暖的阳光透过玻璃窗，洒在干净、整洁的教室里，多么舒适呀！突然，门边出现一堆碍眼的垃圾。

咦？这堆垃圾怎么没人打扫呢？

值日生乔尼说："不关我的事，我的工作是负责擦黑板、收拾讲台！"

小组长杜宇说："不关我的事，我只需要管好小组的卫生，门口的卫生不归我管。"

学习委员兼纪律委员陆浩然说："不关我的事，我只负责管纪律和收作业。"

一个下午过去了，这堆垃圾依旧静静地躺在门边。

这时，查多多从外面走进来，看到

了这堆垃圾。他默默地走到教室后面，拿来扫把，将垃圾扫进了垃圾桶。

在教室里看到一堆碍眼的垃圾，很多人都抱着"事不关己，高高挂起"的态度，可是，教室是大家共同的学习场所，每个人都有义务爱护它，不是吗？

很多事情对我们来说，都只是举手之劳。如果我们的小举动，能让我们的学习环境变得更美好、更整洁，那我们有什么理由不做呢？

 生活中，我们可以随手做的事：

拖把倒在地上，随手扶起来。

垃圾桶挡在走廊中间，随手放回原位。

粉笔头掉了一地，主动捡起来。

看到掉在地上的课本，主动帮同学捡起来。

垃圾没丢进垃圾桶，帮忙扔进去。

洗手间的水流个不停，随手关上水龙头。

"和事佬"不好当

在学校,大家每天一起学习、一起玩耍,难免会产生摩擦。每次遇到这样的情况,乔尼都会第一个冲上去劝架。但是,乔尼

的劝说似乎根本不管用,有时候,当事人原本还只是小打小闹的,可在他的掺和下,反而越吵越凶。

可见,"和事佬"也不好当呢。

其实,劝架也要讲方法呢。如果只是大声喊着"别吵啦""住手"这样的话,并不能从根本上解决冲突,还可能会火上浇油。

同学之间发生了冲突,应该怎么办呢?

了解事情的经过,分清是非。不要冲上去,一味地指责其中的某一方,这样可能会让对方心生不满。

气氛十分紧张时,说一两句幽默的话,能起到"降温"的作用。

双方火气很大时,往往听不进别人的劝告。不如把两人拉开,等双方平静下来后,再进行劝解。

劝解时,尽量不要用尖锐的语气,避免火上浇油。但如果双方快动手了,则需要高声喝止。

人多力量大！

快放学时，窗外下起了淅淅沥沥的小雨，不一会儿便电闪雷鸣，狂风大作。同学们都急急忙忙地收拾着书包，准备早点儿回家。

"多多，你怎么还不走？"乔尼问。

"你们先走吧，今天我值日。"查多多看着窗外越来越恶劣的天气，忧心忡忡。

"雨这么大，你待会儿一个人回去多危险呀，我帮你吧，待会儿咱们一起回家。"乔尼说着，拿起扫把，开始扫地。

"我们也来帮你吧。"陆浩然和杜宇也放下书包，一个擦黑板，另一个拖地。

班上其他要走的同学也纷纷加入,有的帮忙搭椅子,有的帮忙倒垃圾……原本需要半个小时才能做完的事,在大家的帮助下,十分钟就做完了。

查多多感动极了,大声对大家说:"谢谢大家的帮忙,众人拾柴火焰高,这话果然没说错。"

江河可以汇聚成大海,一砖一瓦可以建成房屋。俗话说"人多力量大",一个人的力量确实很小,但是只要大家团结协作,再大的困难也能战胜。所以,我们要培养自己团结协作的精神,当周围的同学需要帮助时,上前搭把手,贡献自己的一点力量吧。

培养你的协作精神

- 要多多参加集体活动,和同学们多沟通,多交流。
- 学会信任同学,接受同学,才更容易互相配合。
- 集体中难免产生矛盾,要学会宽容。
- 不要只顾着自己,要以大局为重。
- 同学之间要互相帮忙,互相照顾,互相合作。

组织一次班级活动

最近，秦老师交给查多多一项非常重要的任务，那就是组织一次"敬老爱老"的公益活动。

查多多既开心又紧张。开心的是，这是一件非常有意义的事情；紧张的是，秦老师把这件事交给他处理，这让他有些不知所措，完全不知道该从何做起呀。

查多多决定，请同学们帮帮忙……

陆浩然："提前做好准备。最好设计一个活动方案，把每一件事都写清楚！比如活动的时间、地点等。"

乔尼："我们去敬老院做什么呢？比如打扫敬老院，帮老人叠衣叠被，给老人讲笑话、表演节目，活动的内容要明确。"

杜宇："还要给大家分配任务，最好让每个人都有事做。比如我可以负责讲笑话；多多是劳动委员，可以负责安排打扫卫生；唐蜜多才多艺，就负责表演节目。"

唐蜜："可以开一次班会，和大家一起商量。"

原来，这次的活动并不是把大家带到敬老院这么简单呢。组织一次活动，有很多注意事项。你的组织能力怎么样呢？你能组织好一次班级活动吗？赶快来学习一下吧！

如何提高自己的组织能力？

- 主动参加一些有组织性的活动，并让自己参与组织管理。比如组织秋游活动、篮球比赛等。
- 在日常生活中，合理安排自己的学习和工作，养成组织的习惯。比如制订学习计划表、工作时间表等。
- 平时可以多演讲、多发言，还可以参加辩论赛。锻炼自己的语言表达能力，让自己能够更简洁、准确地传达一件事情。
- 养成无论做什么事，都要先写计划、再行动的习惯。

第四章

领导力进阶修炼基地

你能做到言行一致吗？

自习课上，大家正在认真地学习。突然，一阵笑声打破了安静的气氛。陆浩然循着声音看去，说话的不是别人，正是班上最爱讲小话的杜宇。

"杜宇，请保持安静！不要打扰大家学习。"陆浩然轻声说。

杜宇不服气地说："我才说了两句话！难道你上自习课没讲过话吗？"

"没有。"

杜宇立刻说："如果我发现你也在自习课上说话，怎么办呢？"

陆浩然想了想:"如果被你发现了,我就站到教室后面去!"

没过一会儿,陆浩然的笔不小心掉在地上,他请前面的同学帮忙捡一下,正巧被杜宇看到了。杜宇大声嚷道:"陆浩然,你也说话了,我听到了!哈哈,你是不是该履行之前的承诺呢?"

"我只是……"陆浩然顿了顿,收拾好书本,走到教室后面站好。

原本得意扬扬的杜宇见陆浩然真的站到教室后面去了,顿时有些不好意思。他乖乖地坐在座位上,再也没说一句话。

陆浩然言行一致、说到做到的行为,给大家留下了深刻的印象,大家因此对他更信服了。

- 谨言慎行,做不到的事情不随便说出口。
- 信守承诺,答应他人的事一定要做到。
- 严于律己,要求别人做的事,首先自己得做到。
- 勇于承担,出现失误时不逃避和推卸责任,承认错误,积极补救。

雷声大，雨点小

《变形金刚》这部电影刚上映时，校园里掀起了科幻热潮，几乎每个男生都希望拥有属于自己的变形金刚玩具。

"我决定了，我要写一本比《变形金刚》更好看的科幻小说！"这天，杜宇大声地宣布。

很快，这件事传遍了整个校园。很多同学慕名而来，对杜宇说："你一定要早点儿写完呀！我们都等着欣赏你的科幻大作呢！"

过了几天，同学们迫不及待地问："杜宇，你的科幻小说写得怎么样了？"

杜宇笑着说："我正在构思呢！"

一个月过去了，同学们再次问道："杜宇，你的科幻小说写得怎么样了？"

杜宇却说:"最近学习有点儿忙,还没开始写。"

很快,科幻的热潮渐渐平息,杜宇的科幻小说也没人关注了。

最近,《名侦探柯南》又火起来了。杜宇又大声地宣布:"我要写一本比《名侦探柯南》更好看的侦探小说!"

不过,这次可没人相信他了,因为大家都知道,杜宇就是雷声大,雨点小,他的科幻小说到现在都还没动笔呢!

● **拒绝"雷声大,雨点小"!**

- 目标定得太高,实现起来困难太大,反而会阻碍我们前进的脚步。比如,对杜宇来说,写几十万字的小说确实太难了,不如换成小短文,会更容易实现。
- 当你决定做一件事时,立刻行动起来。总是找借口往后推,拖拖拉拉地不去做,就永远也不可能完成。
- 为了满足自己的虚荣心,说一些空话,这样迟早会被拆穿。所以,明明做不到的事,就不要轻易地承诺。

你相信自己吗？

新学期的第一天，三班教室里正在举行一场别开生面的班干部评选大会。

秦老师站在讲台上说："这次班干部评选不由老师选，而是由同学们自己推荐或自荐。如果你觉得自己能胜任这个职位，那就大胆地到讲台上来吧。"

教室里顿时炸开了锅，大家交头接耳，议论纷纷。过了好一会儿，也没有一位同学上台。

秦老师笑着说："谁愿意做第一个吃螃蟹的人呢？"

这时，一向话不多的查多多突然走上了讲台，他红着脸，大声说："我想竞选班长这个职位！上学期，我做劳动委员时，有很多地方做得不好，但是在老师和同学们的帮助下，我进步了很多，也渐渐胜任了这个职位。我相信自己，我不仅能当好劳动委员，也能当好班长！"

查多多的一番话，赢得了同学们热烈的掌声。

有了查多多带头，许多同学也纷纷走上讲台。看着同学们一个个自信满满的身影，秦老师欣慰极了。

想要取得别人的信任，首先你要相信自己。相信自己是优秀的，相信自己的能力，相信自己一定能做到。如果你对自己有足够的信心，那么机会就会主动找上你。

 你相信自己吗？

· 天生我材必有用。

——李白

· 先相信自己，然后别人才会相信你。

——［法］罗曼·罗兰

· 所谓才能，是相信自己，相信自己的力量。

——［苏］高尔基

· 只要你相信自己，你就会懂得如何生活。

——［德］歌德

失败是另一种机会

体育课上,同学们玩得很开心,只有杜宇耷拉着脑袋,孤零零地坐在草地上。

查多多走过去,坐在杜宇身边,问:"你还在为没选上班干部的事情烦恼吗?"

杜宇点了点头,闷闷不乐地说:"大家都选上了,就我没选上。我一定很没用。"

查多多拍了拍他的肩膀,笑着说:"不是还有我吗?我也没选上班长呀!"

杜宇抬起头来，反问道："难道你一点儿也不觉得难过吗？"

查多多耸耸肩，语气轻松地说："刚开始真有一点儿难过，不过后来我想通了，我不能因为一次的失败，就自暴自弃啊！所以，我明年还会继续竞选班长！"

是啊！我们不能因为一次的失败，就对自己失去信心。失败，可能是因为我们的能力还不够；失败，意味着我们还有很多东西要学。如果我们把失败当成一次学习的机会，更努力地提高自己，那么，相信在不久的将来，我们一定能获得成功的果实。

失败是成功的垫脚石和营养液！

- 把失败时的所有不良情绪，统统变成前进的动力。
- 从失败中认识自己的不足，一定要改正。
- 吸取失败的经验和教训，下次就能做得更好。

面对批评时我的选择

　　杜宇背着书包,踩着上课铃的尾巴,气喘吁吁地冲进学校。
　　纪律委员陆浩然走上前去,问道:"杜宇,你怎么老是迟到?"

杜宇一听,立刻辩驳:"我哪有迟到,我进来时铃声还没停呢。"

"这和迟到没什么两样……"陆浩然无奈地说。

听到别人的批评和指责时,你是什么样的态度呢?许多人都会像杜宇一样,忍不住为自己辩解,甚至争得面红耳赤。可是,一味地为自己辩解,却忽视了自己的不足和错误,下次遇到同样的问题,我们还是会一错再错。赢得一时嘴上的胜利,却输掉了风度,也丢掉了认识错误、改正错误的机会,这可真是得不偿失啊!

如果别人的批评和指责能让我们看到自己的不足,那就虚心地接受,并改正吧!我们还能因此进步呢!

选择题:当听到别人的批评和指责时,我们应该_____。

A. 立刻生气地跟别人辩解

B. 表面上接受,其实内心不以为然

C. 想也不想便低头认错

D. 先思考别人说的是否正确。正确的虚心接受;不正确的,用道理和实际行动证明自己

一切从赞美开始

"嘿,你今天的发型真酷。"

"你是怎么想到这个办法的,太聪明了。"

"我真佩服你的毅力。"

"你的笑容很美。"

无论是谁听到这样的话,都会忍不住微笑吧。发自内心的赞美是世界上最动听的语言,没有人会拒绝赞美。

当朋友失落时,赞美能给他安慰和鼓励。

当同学失败时,赞美能让他重新站起来。

当对方感到自卑时,赞美能让他重获自信。

赞美让你拥有好人缘,赞美让你更有亲和力。不要吝啬你的赞美,这也是提升领导力最重要的一部分。少一点儿指责,多一点儿赞美,生活也会因此变得更美好哟。

领导者赞美的力量

 让成员爆发潜能。

让成员之间更加团结。

 让你更具亲和力,拥有好人缘。

这样的话你别说

一天,查多多碰上一道难题,绞尽脑汁也想不出解决办法。

于是,他便找陆浩然帮忙。

谁知,陆浩然扫了一眼,便不耐烦地说:"你上课干吗去了?这道题老师明明讲过!"说完,他几笔便将解题过程写在下面,丢下一句"你自己看吧",便走开了。

查多多难堪极了,他悻悻地回到自己的座位,心想:唉!

以后有什么问题，还是别麻烦陆浩然了吧！

"你能不能聪明一点儿？"

"你做了还不如不做呢！"

"这么低级的错误你也犯？"

每当大家虚心向陆浩然请教时，他总喜欢用这样的话指责对方。无论是谁听到这样的话，都会觉得难受吧！也许，陆浩然说这些话是无心的，却给别人带来很大的伤害。时间久了，当大家碰到难题时，再也没人找他帮忙了。

如果陆浩然多一点儿耐心，换成温和委婉的语气，会容易让人接受哟！

"这道题只要找到方法，其实很简单哟。我给你演示一遍……"

"这道题老师上课时讲过，我再给你仔细讲解一遍，这样你就能理解透了。"

"你已经做得很好了，但是我相信你下次一定能做得更好！"

做好事情的结尾

凡事开始最难,然而更难的是何以善终。
——[英]莎士比亚

星期五下午,轮到三班做校园值日。杜宇和查多多负责打扫操场旁边的林荫道。

杜宇提议说:"我们分头行动吧,你从这一头开始打扫,我从另一头扫,在林荫道中间集合,怎么样?"

查多多觉得这个提议不错,于是点了点头,拿起扫把,开始卖力地打扫起来。

不一会儿,查多多才扫了一半,另一头的杜宇却突然放下扫把,说道:"我已经扫完了,我要去打球了。"

"这么快,你打扫干净了吗?"查多多瞪大眼睛。

"当然啦,不信你可以检查。"杜宇得意扬扬地说。

查多多伸长脖子往另一头看了看,果然,地上干净得连一片落叶也没有了。可是,杜宇并没有把垃圾装进垃圾桶里,而是扫成一堆一堆,堆得到处都是。

看着那一堆堆小山一样的垃圾堆,查多多皱了皱眉:"你并没有把垃圾装进垃圾桶,怎么算打扫完了呢?"

听了查多多的话,杜宇只好重新拿起扫把,乖乖地把剩下的事情做完。

做事要有头有尾，有始有终。一件事开头做得再好，如果做到一半就放弃，或者没有收好尾，就"拍拍屁股走人"，也不算成功。

 这些事你能收好尾吗？

陆浩然：写作文既要写好开头，也要重视结尾，不能"凤头猪尾"。

查多多：上完体育课，要把体育器材送回器材室，不能遗落、丢失。

唐蜜：邀请朋友来家里做客，聚会结束后，要把房间重新收拾干净。

乔尼：快到期末了，作为班干部，要把总结工作做好，为新学期做好准备。

学会分工合作

三班和二班要举行一场知识问答比赛,陆浩然和其他几位同学被选中参加比赛。

"知识问答的题目包括各个科目,范围很宽……"唐蜜说。

"不可能全都背得下来。即使能背下来,时间也不够。"查多多说。

"我可不擅长数学,到时候一定拖后腿。"乔尼说。

杜宇干脆说:"我看大家各准备各的,到时候临场发挥,谁会谁举手。"

大家各抒己见，吵闹成一团，陆浩然头都大了。他拍了拍桌子，很快制订出了一套计划：

"咱们得分工合作。唐蜜，你语文成绩好，语文知识这一块就交给你了。多多，你反应灵活，计算速度快，数学交给你。至于科学类的知识，杜宇，你不是常看科学百科吗？就交给你了……"

陆浩然根据每个人的长处，分配了任务。在大家的分工合作下，很快做好了赛前准备。

到了比赛的那一天，碰到语文题，唐蜜能对答如流；遇上数学题，查多多反应飞快；遇上科学题，杜宇每次都能抢先作答……

比赛结果出来了，不出意料，三班大获全胜！

在团队活动中，分工合作非常重要哟。如果大家都没有计划地"各做各的"，不仅效率不高，大家的能力也不能得到更好的发挥。

- 充分发挥每个人的特长优势，根据大家的长处分配任务。
- 给大家分配任务时，要合理、公正，不能给这个分得多，那个分得少。
- 虽然分工合作，但是不能各忙各的，要学会互相沟通。

相信你的伙伴

这天体育课，体育老师教大家玩一个有趣的游戏，名叫"你相信我吗"。

游戏的规则很简单，十名同学面对面站成两排，双手紧紧地握在一起。另一名同学则背对大家，双手抱在胸前，站在高台上，向后倒去，而下面的十名同学必须接住他……

陆浩然惊呼："如果我倒下去时，下面的人没接住，那还不得摔死。"

大家都愿意在下面接人，但没一个人愿意做向后倒的那个人。

这时，杜宇自告奋勇地举起手，说："我愿意。"

很快，台下的

十个人用双手搭建了一道"安全网"。但是,当杜宇站在高台上时,却害怕起来,迟迟不敢行动。

"我……我有点儿害怕。"杜宇紧张地说,"你们要接住我啊,不然我和你们没完。"

"你要相信你的伙伴!"体育老师说。

不管了!杜宇一咬牙,紧闭双眼,向后倒去。只听见一阵欢呼声响起,杜宇被稳稳地接住了!

有了杜宇一马当先,接下来,同学们个个争着上高台挑战。

游戏很快就结束了,可是,体育老师的话却深深地印在了杜宇的心里。三班是一个大集体,无论做什么事,都要相信身边的伙伴!

信任是相互的,想要得到别人的信任,首先要学会相信别人。

 和伙伴坦诚地沟通、交流,多听听伙伴的意见。

 在集体活动中,伙伴之间要互相帮助,团结合作。

 遇到自己解决不了的困难时,向伙伴求助。

向别人求助并不丢脸

乔尼是一个很要强的男生,对自己要求很高。所以,即使碰到一个人无法完成的事情,他也很少向朋友们求助。

有一次上完体育课,体育老师让乔尼将跳高时用的海绵垫送回器材室。可是,海绵垫又大又重,乔尼一个人根本无法搬动。他只能拖着垫子,一点儿一点儿地挪过去。

乔尼心想:要找人帮忙吗?可是,这么简单的事,还需要别人帮忙,会不会显得自己很没用?而且,如果别人不答应帮忙,那不是更丢脸吗?

于是,乔尼一个人拖着重重的垫子,花了好长时间,费了好大的力气,才将垫子送回器材室。当乔尼大汗淋漓、气喘吁吁地回到教室时,上课铃都响了,乔尼因迟到受到了老师的批评。如果他能少一些不必要的顾虑,大方地向同学们求助,大家一起协力合作,就能又快又好地完成任务啦!

当你遇到自己解决不了的问题,或一个人无法完成的事情时,你会像乔尼一样硬着头皮独自去做,还是大方向别人求助呢?求助并不丢脸。我们生活在社会中,在帮助别人的同时,自然也需要别人的帮助。凡事互帮互助,你会发现,没有跨不过去的坎!生活也因为有了朋友的支持和帮助,而变得更加温暖!

别错过这个机会！

每天放学回家的路上，查多多都会经过一个玩具店。他非常喜欢店里的一款变形金刚玩具。

老板见查多多很喜欢这款玩具，就笑呵呵地对他说："这款变形金刚是最新款，自带声控系统，只要100元。"

查多多心想：如果他每天省下3元零花钱，再加上平时攒的

70元，只要两个星期，就能买下这个玩具了。

可是，心里这样想，做起来却是另外一回事，查多多总是忍不住买零食、买卡牌，每天的零花钱一分不剩。两个星期很快过去了，查多多一分钱也没攒下来。

一天放学后，当查多多再次走进玩具店时，发现他看上的那款玩具已经被人买走了。

我们身边总是有很多的机会，可是，却因为我们的犹豫不决，或这样那样的原因而错过了。机会就像小偷，它来的时候悄无声息，走的时候却会让你损失惨重。所以，当机会来临时，我们一定要牢牢地抓住！

如何抓住机会呢？

- 机会只留给有准备的人。如果我们还没准备好，即使我们遇到机会，机会也会离我们而去。
- 机会来临时，不要犹豫、不要逃避。因为一旦你慢了半拍，机会就会与你失之交臂。
- 一旦抓住机会，就要全力以赴，不要中途放弃。
- 从小事做起，认真做好每一件事，你会发现，机会会主动找上门哟！

机会是可以创造的

陆浩然和唐蜜都喜欢写作,而且都写得很棒,他们的作文经常被老师拿来当众朗读。两人为此感到很自豪,在写作方面更勤奋了。

没过多久,唐蜜的作文陆续出现在报纸、作文书上,俨然成为了一个"知名小作家",而陆浩然却没发表过一篇文章。

陆浩然很不理解:"我也在努力地练习写作,为什么我的文章从来没有登

上过报纸呢？你真幸运！"

唐蜜笑着说："如果你也想发表文章，就得主动向报社投稿。报社可不会主动找上你呀。你知道吗，我向报社投了几十次稿子，才发表了这几篇呢。"

两个同样勤奋、同样优秀的人，为什么唐蜜能获得成功的机会，而陆浩然却总是与成功无缘呢？难道真是唐蜜运气比较好吗？

其实，幸运并不会从天而降，你得自己去寻找。我们不能总是等待机会，如果机会不来敲门，我们就为自己开一扇门。如果你有能力、有信心，那就勇敢地表现自己，为自己创造成功的机会吧！

 等待机会，不如创造机会

- 首先，要相信自己的能力，找到自己的闪光点。
- 不要等待机会的降临，而要主动为自己争取机会。
- 最好有一个目标，有了目标，就会有努力的方向。
- 磨炼自己的能力，提升自己的实力。

走弯路可能会更快

　　周末，乔尼和查多多一起去爬山。两人来到山脚，在他们面前有两条路，一条是笔直通向山顶的小路，另一条是弯弯曲曲、一眼望不到头的盘山公路。

　　乔尼建议走小路，而查多多坚持走大路。于是，两人干脆分头行动，比一比谁先到山顶。

　　一个小时后，查多多率先到达了山顶。又过了半个小时，乔尼才满头大汗，一身狼狈地到达。

　　原来，盘山公路虽然弯弯曲曲，距离很长，但地势平缓，查多多慢悠悠地走，轻轻松松就爬到了山顶，沿途还欣赏到了美丽的风景呢！而乔尼虽然走了捷径，但是小路狭窄陡峭，一点儿也不好走，他还被一块石头绊倒，摔了一跤，更别说看什么风景了。

　　乔尼苦笑着说："看来，捷径也不好走呢！"

　　成功之路有很多条，很多人都会选择距离最近的那一条，殊不知，捷径可能布满了荆棘、乱石，往往会更难走。人生难免会走弯路，但是不要怕走弯路，因为走弯路可能会更快哟！

走弯路能让你收获什么?

- 沿途美丽的风景。
- 怡然自得的心态。
- 坚持不懈的毅力。
- 脚踏实地,不急于求成的耐心。
- 磨炼意志,让你更坚定的信念。

那么,放弃吧!

> 在人生的大风浪中,我们常常学船长的样子,在狂风暴雨之下把笨重的货物扔掉,以减轻船的重量。
> ——[法]巴尔扎克

体育课上,查多多正第25次尝试跳高,但是,结果和前面24次一样,他又失败了。

"算了,我不跳了。"查多多摊摊手,无奈地说。

杜宇说:"真遗憾,你不应该放弃,也许你再试一次,就能跳过去呢!"

查多多笑着说:"不,经过这么多次尝试,我发现自己根本不适合跳高。也许我更适合长跑。"

查多多放弃了跳高,转而去练习长跑。果然,查多多耐力好,很快在长跑中展现了自己的实力。

杜宇忍不住说:"看来,你的选择没有错。"

想要成为一个具有领导力的男生,首先要懂得审时度势,该放弃时就放弃。有时候,放弃并不意味着失败。放弃,是让我们更好地认识自己;放弃,是为下一次出发积蓄能量;放弃,是为了更好的选择!

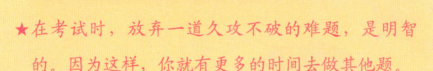

放弃,可能是另一种成功!

★ 在考试时,放弃一道久攻不破的难题,是明智的。因为这样,你就有更多的时间去做其他题。

★ 在学习中,放弃一种不适合自己的学习方法,你可能会找到另一种效率更高的学习方法。

★ 在处理团队事务时,果断放弃不适合这个团队的处事方案,你才能带领大家另寻佳径,从而顺利地完成任务。

忙碌为什么没效率？

在大家的印象中，查多多每天都像陀螺一样，忙得团团转。每天第一个到教室早读，放学后最后一个离开。可是，一到考试时，效果却不明显。

这天早上，查多多正在背课文。他发现，自己花了一个早上还没背熟的课文，陆浩然很快就会背了。这是为什么呢？

查多多很不解，他忍不住向陆浩然说出了自己的疑惑。

陆浩然了解了查多多的情况后，分析道："因为你是死记硬背，而我先把课文每一段的意思都弄明白了，再来背诵，就容易多了。"

为什么有的人忙忙碌碌，看起来很努力，却没有什么成效？而有的人看似不费吹灰之力

就能事半功倍，轻松享受成功的果实呢？

忙碌固然是好事，但是如果没内容、没方向地忙碌，即使做再多的努力，也是无用功。

让你的忙碌变得有意义的好方法

- 无论做什么事，都提前做好计划，明确努力的方向。
- 学会放下一些没有意义的琐事，做重要的事情。
- 学会寻找更好的方法和途径，不要一味地埋头苦干。
- 发现自己老做无用功时，别再一味坚持了，赶紧停下来，调整方向和方法吧！

学会使用小策略

周末，查多多正在帮妈妈做家务。

首先，他把地板拖了一遍，接着，他打来一桶清水，开始擦玻璃。

可是，当他擦完玻璃后，却发现有很多污水滴到了地上，刚拖干净的地板全被弄脏了，他不得不重拖一遍。

妈妈走过来，笑着对他说："如果你先擦玻璃，再拖地，就不会出现这样的情况了。"

当我们做一件事时，为了能节省时间，常常想也不想，就一股脑儿地开始行动。殊不知，盲目行动花费的时间和精力，反而更多。

这时候，我们应该要采用一些小策略、小方法，节省时间，节省力量，更快更好地完成任务！

善用策略，不是耍小聪明，不是投机取巧，而是事先做好准备，讲方法，有计划地行动，使时间和精力都能得到最好的利用。

班干部的小策略

陆浩然：我是学习委员。每次老师让我检查全班背诵课文的情况，我会认真检查每一个小组长的背诵情况，然后再让小组长检查本组组员的背诵情况。这样一来，既节省了时间，又减轻了自己的工作量，同样也完成了老师布置的任务。

乔尼：这个学期，我是班长。我准备制作一个"匿名建议本"，挂在教室后面，同学们不管有什么建议和意见，都可以毫无顾虑地写下来。有了它，我相信自己一定能当好这个班长。

唐蜜：我虽然是宣传委员，可是出一次宣传黑板报，要做的事情可多了，光靠我一个人可完不成。所以，我的职责是，选出设计、画画、写字的同学，组成一个团队，安排大家一起来完成。

将身边的资源利用起来

<u>查</u>多多有一个坏习惯，那就是爱咬笔头。

这天，查多多一边思考，一边无意识地咬着铅笔头。杜宇看到后，赶紧说："别再咬铅笔啦，铅笔是铅做的，有毒。"

"真的假的？"查多多吓得赶紧把铅笔扔到一边。

这时，一旁的陆浩然笑着说："杜宇说的不完全对。铅笔不是铅做的，而是石墨和木头做的。但是铅笔表面的彩色颜料可能含铅……"

听了陆浩然的话,查多多佩服地说:"你懂的可真多,你是从哪儿知道这些知识的呀?"

陆浩然摸摸头,笑着说:"我是在图书馆看书看到的。"

其实,在日常生活中,我们也能学到很多知识。因为在我们身边,有很多可以用到的公共资源,比如图书馆、书店等。如果不利用,不就白白浪费了吗?

每个人的能力都是有限的,利用身边的资源来帮助自己,增长自己的知识和见闻,也是一种能力呢!

● 在我们身边,有什么资源是可以利用的呢?

★ **电脑。**四通八达的网络世界里有数不尽的资源,只要你不沉迷在电脑游戏中,正确使用网络,它就能成为一个"万能助手"呢。

★ **电视机和报纸。**平时看一些有意义的电视节目,比如《走进科学》《动物世界》等,你会收获很多知识。

★ **图书馆和书店。**图书馆是一个知识宝库,你能从中学到好多课外知识。走在路上,无意间发现一间书店,走进去看看,说不定你会发现一本好书。

★ **参考资料和工具书是"无言的老师"。**老师和家长不在身边,遇到解决不了的问题,不妨查阅工具书。

你愿意吃这亏吗？

这天上课时，秦老师对大家说："星期天会有参观团来学校参观。星期六，学校需要志愿者去给校园做清洁，你们谁愿意当志愿者？"

乔尼心想：周六我还要和朋友一起去打球呢。

陆浩然小声嘀咕：我不能去，会耽误我的学习时间。

杜宇想：好不容易到了周末，还不如在家睡懒觉、玩游戏呢。

过了好一会儿，也没有同学举手。是呀，谁愿意去做这种吃力不讨好的事情？这时，查多多左看右看，犹豫了一会儿，举起了自己的手："老师，我愿意去。"

下课后，杜宇敲着查多多的脑袋说："你真笨，就你爱吃亏。"

查多多摸摸脑袋，说："可是，如果我不去，谁去呢？"

大家都不愿意做的事，查多多却愿意去做，查多多真的很笨吗？其实，懂得付出，不也是有责任心的体现吗？

如果每个人都多付出一点儿，少计较一点儿，那么我们的生活一定会变得更美好。更何况，想要成为一名合格的领导者，在很多时候，付出和牺牲是避免不了的。如果在小事上都不愿意吃亏，又如何能担当大任呢？

我不怕吃亏！

- 抽时间帮成绩不好的同学补习，自己也能巩固知识，提高成绩。
- 看到地上的垃圾，主动打扫干净，还自己一个干净的学习环境。
- 大扫除时，忙完自己的任务，主动去帮助其他的同学，你就能收获别人最诚挚的道谢和微笑。

给自己充充电

最近，陆浩然都快忙疯了。临近考试，要忙着复习，作为班干部，还要解决班上的各种事务……看着课桌上堆成小山的作业，想着一件件还没解决的麻烦事，陆浩然感觉头都快裂开了。

你是不是也有过这样的经历呢？被繁重的学习任务和班级琐事压得喘不过气，只想要赶紧躲起来？可是，一想到爸爸、妈妈期待的神情，老师和同学们信任的目光，就又不得不打起精神来。

嘀嘀嘀！你的能量已经不足啦！赶快停下脚步，给自己充充电吧！

每个人都想取得成功，每个人都想冲在最前面。所以，很多人即使疲惫不堪，也仍然不想停下脚步，坚持往前走。可是，在这样的状态下，效率真的会很高吗？

虽然，我们要不断地学习，不断地提高自己，但同时，也要注意劳逸结合。如果你累了、困了，就停下脚步，给自己充充电。当你感到精神饱满时，再重振旗鼓，大步出发，这样不是更好吗？

你感到疲惫时，给自己充充电吧！

- 好好地睡一觉。
- 做一件自己感兴趣的事。
- 看一本有趣的书。
- 听一首好听的音乐。
- 骑自行车去郊外呼吸新鲜空气。

忘记昨天的荣誉

陆浩然上学期期末考试拿了全年级第一名,还作为学生代表,在全校师生面前发言。这是一件多么值得骄傲的事呀!

每当想起这件事,陆浩然不免有些飘飘然。

可是,当陆浩然还沉浸在昔日的荣誉中,为过去的成功而沾沾自喜时,身边的同学们都在悄然发生着改变……

前不久，查多多的成绩提高了好几个名次。

昨天，杜宇的作文拿了奖。

刚刚，乔尼被老师宣布选进了校篮球队的后备队伍。

而陆浩然呢？他这才发现，自己已经停在原地很久了。

一旦我们沉浸在过去的荣誉中，就会停止前进的步伐。当你再次回过神时，会发现，身边的朋友早就超出自己一大段距离了。

无论是一个默默无闻的男生，还是一个优秀的领导者，唯有不断地学习新知识，不断地提高自己，不断接受新的挑战，才能走在队伍的前列。

不断提升自己的方法

- 读书是智慧的源泉，每天坚持读书。
- 提升你的技能。如果你喜欢画画，就要努力坚持，让自己画得更好。
- 学习新的东西。比如一门语言，一种乐器。
- 不骄不躁，一步一个脚印地前进。

图书在版编目（CIP）数据

优秀男孩的领导力手册：我也能够当班长/彭凡编著．—北京：化学工业出版社，2016.11（2024.9重印）
（男孩百科）
ISBN 978-7-122-28186-9

Ⅰ.①优…　Ⅱ.①彭…　Ⅲ.①男性-领导学-通俗读物　Ⅳ.①C933-49

中国版本图书馆CIP数据核字（2016）第231535号

责任编辑：马鹏伟　丁尚林　　　　　文字编辑：李　曦
责任校对：程晓彤　　　　　　　　　装帧设计：尹琳琳

出版发行：化学工业出版社（北京市东城区青年湖南街13号　邮政编码100011）
印　　装：天津市银博印刷集团有限公司
710mm×1000mm　1/16　印张11　2024年9月北京第1版第14次印刷

购书咨询：010-64518888　　　　　　　　售后服务：010-64518899
网　　址：http://www.cip.com.cn
凡购买本书，如有缺损质量问题，本社销售中心负责调换。

定　价：25.00元　　　　　　　　　　　　　　　　　版权所有　违者必究